Boris Cyrulnik

Psicoecología

Colección
Resiliencia

Otros títulos de Boris Cyrulnik publicados en Gedisa:

Escribí soles de noche
Literatura y resiliencia

Las almas heridas
Las huellas de la infancia, la necesidad del relato y los mecanismos de la memoria

Los patitos feos
La resiliencia: una infancia infeliz no determina la vida

De cuerpo y alma
Neuronas y afectos: la conquista del bienestar

Bajo el signo del vínculo
Una historia natural del apego

Me acuerdo...
El exilio de la infancia

Psicoterapia de Dios
La fe como resiliencia

Psicoecología

El entorno y las estaciones del alma

Boris Cyrulnik

Título original en francés:
Des âmes et des saisons
© Odile Jacob, 2020

© De la traducción: Alfonso Díez, 2021
Corrección: Marta Beltrán Bahón

Cubierta: Juan Pablo Venditti

Primera edición: noviembre de 2021, Barcelona

Derechos reservados para todas las ediciones en castellano

© Editorial Gedisa, S.A.
www.gedisa.com

Preimpresión:
www.editorservice.net

ISBN: 978-84-18525-93-3
Depósito legal: B.13707-2021

Impreso por Sagrafic

Impreso en España
Printed in Spain

Queda prohibida la reproducción total o parcial por cualquier medio de impresión, en forma idéntica, extractada o modificada, en castellano o en cualquier otro idioma.

Índice

Cuando la felicidad de los loros se opone a la felicidad de superar la desgracia	11
¿Materia del cuerpo o éter del alma?	17
La nueva epífisis filoneurológica	21
Los tres nichos psicoecológicos	27
Matar para no morir	31
Historias de hoy que dejan entrever el pasado	37
El teatro de la muerte erotiza la violencia	43
La violencia creadora	53
El cerebro, esculpido por su entorno, se convierte en un aparato para ver un mundo	57
Cerebro en formación permanente	63
Cómo aprender a desesperar	71
Innovaciones técnicas y explosiones culturales	75
El clima y la estatura de los seres humanos	81
Un cerebro siempre nuevo	87
Geografía de los sentimientos	93
Guerras y propiedad	99
El amor es una revolución, el apego es un vínculo	103

Sobrevivir no es realizarse.	113
Sexo relativo	127
Construcción social de las siluetas sexuales.	137
Morfologías y civilizaciones	143
Tamaño de los niños y adversidad materna	149
Estatura, sexo y desarrollos.	155
Sociedad y fertilidad	161
Los nuevos padres	169
Percibir un mundo es ya interpretarlo	177
Real, ciencia e ideología.	185
Vínculos de apego y tradiciones culturales	191
Período sensible neurocultural de la adolescencia	199
Socialización sexuada.	209
Sexo y superpoblación.	217
El sexo, solo en la multitud	225
La primera vez	231
XX frente a XY.	237
Espacio y psiquismo.	247
Cuando las palabras esculpen el cerebro	253
Conclusión. Somos víctimas de nuestras victorias	265

Nació en las laderas del Everest, donde la serpiente Nâga le había instruido en las ciencias del alma. En la cima de la montaña, promulgó leyes de hierro. Pero en el llano, la desidia era completa.

Spyod-Po dijo: «Tengo en esta llanura todo lo que necesito [...] el agua de los prados ha adquirido el color del oro [...] los pájaros ya no tienen nido y los hombres ya no tienen casa [...] tengo el *siddhi*, ese poder perfecto que da el dominio del cuerpo y de la naturaleza [...] que el ciervo se lleve, pues, las palabras de mi juramento».

Habiendo hablado así, Spyod-Po se puso a escalar las laderas de la montaña para volver a encontrar las Leyes de Hierro.[1]

---

1. *Chapô* inspirado por Féray, Y., *Contes d'une grand-mère tibétaine*, Picquier, Arlés, 2018, págs. 9-13.

Cuando la felicidad de los loros se opone a la felicidad de superar la desgracia

Este cuento tibetano ha sido ahora confirmado por la ecología científica. El ser humano se adapta a la dureza de las altas cumbres, a las empinadas laderas, a las noches heladas, aceptando rituales implacables, lo que le hace feliz. Cuando baja al valle, encuentra la dulzura de la vida, el calor de las noches y la relajación de la moral, lo que le hace feliz.

Fue un zoólogo, Ernst Haeckel, muy partidario de la idea de la evolución, quien propuso la palabra «ecología» para describir cómo se adapta un organismo a su hábitat.

Esta idea nació en 1866, en un contexto cultural agitado por las ideas de Darwin, quien sostenía que un organismo nunca deja de desarrollarse bajo las presiones constantes de un entorno siempre cambiante. Los que necesitaban certidumbre estaban angustiados por tal concepción del mundo viviente. El fijismo es tranquilizador porque da una visión simple del mundo, una claridad abusiva que permite una agradable pereza intelectual. Una verdad absoluta, al detener el placer de pensar, proporciona el placer de recitar. El psitacismo consiste en repetir las palabras de los demás sin entender su significado: es la felicidad de los loros.

El pensamiento evolutivo lleva a razonar en términos de sistemas y no ya en términos de causalidades lineales: el sistema respiratorio está formado por el oxígeno del aire que atraviesa la pared sólida de los pulmones y es recogido por los glóbulos rojos que flotan en el plasma. Es un conjunto heterogéneo el que permite la función respiratoria. Y los seres humanos no dejan de inventar mundos artificiales de máquinas y palabras que conforman un hábitat cultural.

En las llanuras tropicales del Himalaya, donde crecen el arroz y la caña de azúcar, los tibetanos crían búfalos y cebúes. Los animales vagan cerca de los pueblos.[1]

En las llanuras regadas, ricas en follaje y frutos, la gente construye refugios abiertos con terrazas. Por la noche, en la vigilia, se habla de los tigres, de cómo los hombres valientes pudieron escapar y a veces matarlos. Desde hace algún tiempo, denuncian que la urbanización, al invadir los territorios de los animales, los ha vuelto más agresivos.

Cuando llega el monzón, las personas ascienden las laderas del Himalaya y se adaptan al clima subtropical a unos 1.500-1.700 metros. Construyen casas tibeto-birmanas agrupadas en caseríos en medio de campos de maíz y mijo. Es ya la montaña. Para alimentar a los búfalos y a las vacas, que no pueden superar los 2.000 metros, construyen establos para abastecerse de reservas y abren caminos hacia las zonas donde persiste el follaje. Surge un orden social, más riguroso que en las llanuras, que permite adaptar la técnica de los seres humanos a las necesidades de los animales.

Algunos de los aldeanos nepalíes continúan su caminata hacia las altas cumbres. Les acompañan yaks, cabras y ovejas que soportan el clima seco y la escasa vegetación. La vigilancia de los animales, la tecnología de los hábitats y los rituales humanos se convierten en una obligación. Por la noche, en la vigilia, la gente habla ahora de la morada de los dioses, que han visto en

---

1. Dobremez, J.-F., «Variétés de complémentarités des milieux de montagne: un exemple en Himalaya», *Revue de géographie alpine*, 1989, 77 (1-3), págs. 39-56.

la niebla, del sigiloso deslizarse de los fantasmas y de la aparición repentina de un leopardo de las nieves. Los nuevos relatos dan forma angustiosa y maravillosa al mundo de las fuerzas invisibles que habitan las altas cumbres.

Entre 4.000 y 7.000 metros, la altitud se vuelve muy restrictiva. Cuando el aire y el oxígeno escasean, la vitalidad disminuye: menos plantas, menos animales, la marcha se vuelve más lenta, la respiración se acelera y los jóvenes a gran altura ralentizan su crecimiento.[2]

Las altas montañas fragmentan las poblaciones. Los extensos pueblos de los valles tropicales se convierten en aldeas tibetanas. Con la altitud aparecen cabañas y, en la cima, la tecnología de las modernas tiendas de campaña permite no morir de frío.

También la cultura varía en función del nivel. La ropa, por supuesto, pero también los rituales de reunión y las palabras de cortesía se adaptan a la temperatura. Cuando nos encontramos en la montaña, se saluda diciendo: «Que Dios te bendiga», pero cuando nos cruzamos con la misma persona en una gran ciudad, actuamos como si fuera transparente. Las ceremonias religiosas, tolerantes y disipadas en las llanuras, se vuelven rigurosas con la altitud. El calendario comunitario, la distribución del trabajo, la construcción de refugios, la gestión de los rebaños, el abono de los campos evolucionan de forma diferente de un grupo a otro.[3]

Cuando el contexto ecológico da lugar a acontecimientos diferentes, no tenemos las mismas cosas que contar. El *ethos*, la jerarquía de valores morales que caracteriza a una cultura, de-

---

2. Turek, Z. *et al.*, «Oxygen transport in guinea pigs native to high altitude (Junin, Peru, 4.105 m)», *Pflüg Arch.*, 1980, 384, págs. 109-115.

3. Dobremez, J.-F., «Transhumance des animaux d'élevage du Népal. Un aspect des relations homme-animal», en *L'Homme et l'Animal. Premier colloque ethno-zoologie*, Institut international d'ethnoscience, 1975, págs. 31-36.

pende, más de lo que creemos, de la estructura del entorno. En las llanuras tropicales, donde la vida es fácil, el *ethos* favorece la libido, el placer de los pequeños goces. En las grandes extensiones urbanas, hay que organizar lugares de encuentro si se quiere hablar, jugar, ver una pelea de gallos o intentar una aventura sexual. Mientras que el *ethos* de las altas cumbres hace hincapié en el valentía física, el rigor de los rituales de reunión, el ingenio de las construcciones, la generosidad de los que comparten sus bienes con los demás y el respeto de los códigos sexuales.

La felicidad de los valles no tiene la misma connotación emocional que la felicidad de las cumbres. En la cima, la autoestima se refuerza con el orgullo de haber superado las pruebas del frío y la supervisión de los rebaños.

La pendiente natural nos hace deslizarnos más bien hacia la felicidad de los valles donde el agua fluye libremente, donde las noches son suaves y donde los frutos crecen al alcance de la mano. Esta felicidad simplona es agradable como una inmanencia que vive dentro de los seres y las cosas. Basta con beber un poco de agua fresca y comer una guayaba para sentir un momento inmediato de felicidad, mientras que la felicidad de arriba implica una trascendencia que asciende y nos eleva más allá del frío, los precipicios y la proximidad de la muerte. Cuando la felicidad insensata pesa sobre nuestros cuerpos y adormece nuestras almas, anhelamos el acontecimiento que despierta la vida. Somos infelices a menudo y nos suicidamos mucho en los paraísos terrestres.[4] Los que toman el camino de las alturas gustan de someterse a pruebas en las que se enfrentan con la miseria, la desesperación y la muerte; experimentan la felicidad de triunfar sobre la desgracia. Cuando la difícil felicidad los deja agotados, cuando, a fuerza de trascendencia, el ascenso a

---

4. Charles-Nicolas, A., *Les 1000 premiers jours en Martinique*, informe, abril de 2020.

los cielos ha provocado la angustia del vacío, aspiran a dejarse deslizar hacia los valles tropicales.

La felicidad de los valles sólo existe asociada a la de las cumbres. La una sin la otra es sólo infelicidad. Cuando la felicidad fácil nos conduce a la náusea, aspiramos a la pureza de la felicidad difícil. Pero en cuanto la felicidad de triunfar sobre la desgracia, nos lleva al agotamiento físico y al desgaste del alma, sentimos de repente el placer de retroceder. Entonces, entre dos desgracias, experimentamos la felicidad.

¿Materia del cuerpo o éter del alma?

Cuesta pensar que dos sentimientos opuestos puedan armonizarse como una pareja que baila ajustando sus movimientos el uno al otro. El dualismo produce hermanos enemigos y se nos pide que elijamos un bando: la materia del cuerpo o el éter del alma. Cada entidad ayuda a tomar conciencia de la otra. En un universo donde todo fuera azul, el concepto de azul no podría pensarse. Para que entre en la conciencia, debe haber otro color que no sea el azul. En un mundo donde sólo existiera la felicidad, lo que habría en la conciencia sería el sentimiento de estar atiborrado y no el de la felicidad. En un mundo en el que todo fuera infelicidad, la psique se extinguiría antes morir.

El pensamiento dualista crea una trampa de lo obvio: «Vi que tu cuerpo estaba allí, sin duda, durmiendo profundamente, y sin embargo, cuando te despertaste, nos hablaste de un extraño viaje a un mundo invisible donde tu alma experimentó acontecimientos insensatos».[1] El cuerpo por un lado, el alma por otro, ordenan el mundo como una oposición binaria: todo lo que no es grande es pequeño, todo lo que no es hombre es mujer, todo lo que no es cuerpo es espíritu. Dos entidades distintas están en guerra entre sí. Una está hecha de materia que se extiende y se puede medir; la otra, sin sustancia, no es obser-

---

1. François Lupu citado en Lemoine, P., *Vingt mille lieues sous les rêves*, Robert Laffont, París, 2018.

vable ni medible.² Este método no es pertinente para el estudio del alma, que, al no tener sustancia, no puede ser dividida para su análisis.³

Tal actitud epistemológica, tal método de extracción de conocimiento es apropiado para las ciencias duras, donde la fragmentación del conocimiento, la manipulación experimental y la síntesis explicativa producen hechos científicos y causalidades lineales que justifican el éxito de los métodos científicos.

Pero ¿cómo explicar que una palabra, una representación sin sustancia, pueda actuar sobre la materia? Un insulto nos hace enrojecer dilatando nuestros vasos, una mala noticia nos hace palidecer y desfallecer, una postura simbólica como arrodillarse para rezar puede hacernos sentir una dimensión metafísica, y la percepción de una esvástica puede desencadenar la angustia despertando recuerdos de una época trágica. Descartes se las arregla imaginando que la glándula pineal permite que las pasiones del alma actúen más que el cuerpo.⁴

Cuando se empobrecen los estímulos afectivos, la reducción del volumen del hipocampo es fácilmente fotografiable, al igual que la reducción de la conectividad de la corteza prefrontal ventromedial y del cuerpo estriado ventral.⁵ Por tanto, la estructura ecológica del entorno puede influir en la construcción del cerebro. Así, una infección vírica al principio del embarazo, un estrés materno excesivo y duradero, o bien el nicho sensorial de los primeros meses de vida trazan en el suelo virgen del cerebro

---

2. Descartes, R., *Discours de la méthode*, Hachette, París, 1997.

3. Dortier, J.-F., *De Socrate à Foucault. Les philosophes au banc d'essai*, Sciences humaines, 2018.

4. Descartes, R., *Les Passions de l'âme*, Vrin, París, 1997.

5. William, H. J.; Craddock, N.; Russo, G. *et al.*, «Most genome-wide significant susceptibility loci for schizophrenia and bipolar disorder reported to date cross-traditional diagnostic boundaries», *Human Mal. Genet.*, 2011, 20 (2), págs. 387-391.

una tendencia variable a la neurosis o a la esquizofrenia.[6] Las dificultades de relación, la adversidad educativa, los desastres sociales y el empobrecimiento cultural tienen el mismo efecto, ya que las sustancias tóxicas segregadas en los momentos difíciles de la vida atraviesan el equivalente moderno de la glándula pineal, ahora llamado barrera meníngea.

---

6. Müller, N., «Immunological aspects of the treatment of depression and schizophrenia», *Dialogues in Clinical Neuroscience*, 2017, 19 (1), págs. 55-63.

La nueva epífisis filoneurológica

«Soy una cosa pensante [...] Tengo una idea distinta del cuerpo, en la medida en que éste es sólo una cosa extendida y que no piensa».[1] Esta meditación metafísica de Descartes me recuerda la explicación de un habitante de Papúa que quería demostrar la existencia de un tercer mundo. El primer mundo es el mundo del despertar, dijo, el mundo de la caza y de las relaciones sociales. Cuando te duermes, pasas al segundo mundo, el del sueño. Pero cuando te despiertas, nos cuentas que mientras tu cuerpo dormía profundamente, tu alma viajaba por un tercer mundo. Los despiertos no pueden verlo, pero los durmientes lo viven intensamente, hasta el punto de que el soñador despierta a sus compañeros para contarles el asombroso viaje que realizó mientras su cuerpo estaba tendido en el suelo. Tanto es así que, durante el día, se puede ver a los papúes de Nueva Guinea dormitando por todas partes, tratando de recuperarse del cansancio de los viajes nocturnos.[2]

En Tebas, había que dormir en una habitación del templo para contarle al oráculo el sueño de la noche. Hoy en día, quienes acuden al psicoanálisis tratan de recordar sus sueños para elaborarlos en sesión.

---

1. Descartes, R., *Méditations métaphysiques*, Le Livre de Poche, París, 1990.

2. Lupu, F., seminario «Résilience et personnes âgées», Lourmarin, marzo de 2015. Y «La question du sommeil», en B. Cyrulnik (dir.), *Le sommeil... m'enfin*, Philippe Duval, «Sciences Psy», Savigny-sur-Orge, 2016, pág. 133.

Hoy sabemos que la epífisis, ese «órgano no conjugado», es una glándula endocrina enterrada entre los dos hemisferios. Segrega una hormona, la melatonina, que ayuda a regular la alternancia entre la vigilia y el sueño. No sirve para unificar una cosa que piensa con otra que no piensa, funciona como un vínculo entre los ritmos cósmicos del día y la noche, entre los flujos de la vigilia y el sueño, como si el cuerpo fuera sólo un segmento del universo. En este sentido, Descartes había intuido que un ente sin sustancia puede actuar sobre la sustancia del cuerpo. Esta lectura de Descartes está apoyada por las neurociencias,[3] mientras que la interpretación de que el alma no tiene nada que ver con el cuerpo ha sido descalificada.[4] El cuerpo no es sólo mecánica matemáticamente medible, la mente no es sólo éter elusivo. Puedo provocar una emoción en cada lector inyectándole sustancias: una anfetamina lo volverá agradablemente agresivo, la reserpina que se le dio para reducir la hipertensión desencadenó sorprendentes ataques de melancolía. El interferón necesario para tratar ciertos cánceres suele provocar una depresión inútil: nada ha cambiado en la vida de la persona que se traga esta píldora y, de repente, sin saber por qué, se desespera.

El otro aspecto de este vínculo es el sentimiento. Esta vez, la emoción es provocada por una representación verbal que también actúa sobre el cuerpo. Un insulto es capaz de apretarte la garganta y cerrar tus vasos sanguíneos, te hace palidecer de rabia y te acelera el corazón, a veces hasta el punto de provocar un síncope. Las malas noticias aumentan las hormonas del estrés (cortisol, catecolaminas). Una historia puede conmoverte hasta las lágrimas, provocar tu odio o hacerte sentir eufórico al inundar tu cuerpo con endomorfinas naturales.

---

3. Ansermet, F.; Magistretti, P., «Freud au crible des neurosciences», *Les Dossier de la Recherche*, febrero de 2008, n° 30, págs. 84-86.

4. Green A., «Un psychanalyste face aux neurosciences», *La Recherche*, octubre de 1992, pág. 1168.

La placa giratoria entre la emoción, inducida por una sustancia, y el sentimiento, inspirado por una representación abstracta, se dosifica hoy en día en los astrocitos y las células endoteliales de la barrera hemato-meníngea.[5] Cuando estas sustancias eufóricas o que provocan ansiedad atraviesan esta envoltura cerebral, alteran el flujo de neuromediadores, lo que da lugar a la estimulación de diferentes áreas cerebrales. Cuando introduces en el alma de un amigo una palabra que le hace sentirse eufórico o desesperado, la emoción que acabas de provocar a través de una representación verbal aumenta la secreción de sustancias de alerta o de placer. Estas moléculas bañan las células de las meninges que rodean el cerebro y modifican su permeabilidad. Todos esos elementos materiales entran en el cerebro y estimulan ciertas áreas. Cuando tu palabra pone eufórico a tu amigo («te quiero», «te doy un cheque enorme»), él segrega endorfinas que flotan hasta el núcleo accumbens, como se puede filmar en la neuroimagen. La más mínima estimulación de esta zona desencadena una sensación de placer. Si, por el contrario, tu palabra ha puesto ansioso a tu amigo («te odio», «me debes cien mil euros»), su organismo aumenta la secreción de catecolaminas, lo que acelera su corazón y estimula su amígdala rinencefálica, la zona neurológica de las insoportables emociones de ansiedad o ira. Una representación verbal del orador puede modificar la función cerebral del oyente.[6]

Si estás aislado, se produce el mismo proceso con tus propias representaciones: «Nunca lo conseguiré... Siempre me abandonan». Estas palabras conforman una narrativa que refuerza tu desesperación. Las sustancias del estrés atraviesan tu barrera meníngea y estimulan tu amígdala. Tu cuerpo expresa una

---

5. Thibaut, F., «Neuroinflammation: New vistas for neuropsychiatric research», *Dialogues in Clinical Neuroscience*, 2017, 19 (1), págs. 3-4.

6. Daniel, J.; Siegel, M. D.; Payne Brysson, T., *The Whole-Brain Child*, Delacorte Press, Nueva York, 2011, págs. 27-33.

emoción de abatimiento o ira. Tu ceño fruncido, tu cabeza baja, tus reacciones esquivas no invitan a una relación. Al reforzar la soledad que te desespera, tu organismo se impregna de sustancias tóxicas, el aislamiento emocional y la miseria verbal conducen a la depresión y a los trastornos orgánicos.[7]

Si se acepta la idea de que la glándula pineal se llama ahora «barrera hemato-meníngea», se confirmará la idea de que el alma se acopla a la epífisis, pero entonces habrá que modificar el estereotipo del dualismo: el cuerpo material no está separado del alma inmaterial. Estas dos entidades funcionan juntas, cada una actuando sobre la otra. El resultado es un sabor del mundo, amargo o dulce dependiendo de cómo tu cerebro haya sido esculpido por su entorno. Cuando tu organismo se ha desarrollado en un entorno pobre en afectividad y palabras tranquilizadoras, cuando tu nicho sensorial ha sido bombardeado por agresiones físicas, palabras hirientes y fracasos relacionales, tu cerebro habrá sido «circuitado» para dirigir las estimulaciones cotidianas hacia la amígdala, la base neurológica de las emociones de angustia y furia. Al desarrollarte en un entorno así has adquirido la capacidad de sufrir, de vivir la existencia con amargura, de ver un mundo sin esperanza.

Pero si, cuando tu cerebro era capaz de una asombrosa plasticidad, te desarrollaste en un entorno seguro, divertido y enriquecedor, tu cerebro adquirió la capacidad de dirigir la información al núcleo accumbens, base neuronal de las emociones placenteras que te hace sentir un mundo gratificante.

Esto significa que, dependiendo de la organización de su entorno temprano, un cerebro sano puede adquirir una tendencia a experimentar felicidad en las cosas pequeñas o, por el contrario, a experimentar la existencia con disgusto. Un buen comien-

---

7. D'Acquisto, F., «Affective immunology: Where emotions and the immune response converge», *Dialogues in Clinical Neuroscience*, 2017, 19 (1), págs. 9-16.

zo en la vida no garantiza la victoria para siempre, pero un organismo así formado resistirá mejor los inevitables asaltos de la vida. Un mal comienzo confiere fácilmente a los acontecimientos una connotación dolorosa, pero no todo está perdido para siempre, porque «el cerebro cambia constantemente en función del aprendizaje y las experiencias de la vida».[8] Las neuronas se fabrican más lentamente a medida que envejecemos, pero las sinapsis que establecen las conexiones mantienen el flujo de información mientras vivimos. La reparación resiliente es más fácil en los primeros años, pero sigue siendo posible durante mucho tiempo.

---

8. Mansuy, I., «La question de l'inné et de l'acquis», coloquio ASAPP, Ministère de la Solidarité et de la Santé, 10 de marzo de 2020. Y Mansuy, I. M.; Gurret, J.-M.; Lelief-Delcort, A. (dirs.), *Reprenez le contrôle de vos gènes*, Larousse, París, 2019.

Los tres nichos psicoecológicos

Por tanto, el alma no está formada por entidades etéreas. Los sociólogos evalúan el impacto de un entorno social, y los lingüistas explican cómo una historia transmite un afecto. Estas presiones de orígenes diferentes constituyen un nicho sensorial que estimula o apaga ciertas zonas cerebrales, provoca la secreción de sustancias alarmantes o eufóricas que modifican la permeabilidad de la envoltura meníngea.

Esta forma de recoger información integra una cascada de causas heterogéneas que confluyen para combinar el alma y el cuerpo: hábitat climático, atmósfera afectiva, estructura social, entorno verbal y narrativas culturales. Aquí es donde se construye el nicho donde se desarrollarán los niños. Esto significa que no podemos saberlo todo, y que debemos participar en un equipo multidisciplinar para estudiar el enfoque psicoecológico.[1]

Así, durante el desarrollo de un ser vivo, podemos describir las envolturas ecológicas que rodean al organismo como las cáscaras de una cebolla.

- *El microsistema*: es el entorno cercano e inmediato de una célula que percibe informaciones químicas (agua, hormonas) y físicas (calor, tacto).
- *El mesosistema*: el organismo, a medida que se desarrolla, accede a información cada vez más alejadas, como el cuerpo de

---

1. Bronfenbrenner, U., *The Ecology of Human Development. Experiments by Nature and Design*, Harvard University Press, Londres, 1979.

la madre, el hogar en expansión y el entorno (amigos de la guardería, el barrio).
- *El exosistema*: las informaciones provienen en este caso de las normas educativas, de la escuela, del barrio y, sobre todo, de las narrativas que dan forma a las representaciones sociales y culturales.

Una constelación de determinantes, primero físico-químicos, luego sensoriales, después verbales y narrativos, conduce a representaciones imposibles de percibir, como la muerte, Dios o el infinito. Es «un conjunto de recursos, de posibilidades de acción... que el individuo es libre de aprovechar o no aprovechar».[2]

El ser humano no es separable de su entorno, del que su cuerpo es una encrucijada. También su alma está en una encrucijada de constricciones. Para eludir la muerte, el ser humano debe descubrir las misteriosas fuerzas que actúan sobre él. Para no estar sometido, zarandeado por los acontecimientos y las presiones del entorno, debe dominar la naturaleza.

Hace 2,5 millones de años, un enorme cambio climático perturbó la vida en el planeta Tierra.[3] Las corrientes cálidas de la Corriente del Golfo se enfriaron, expandiendo el casquete polar. En un instante de unos cientos de miles de años, la glaciación del norte detuvo las lluvias, provocando la sequía africana. Las gramíneas, que necesitan menos agua, se extendieron, y sólo los animales capaces de triturar estas hierbas resistentes pudieron sobrevivir. Esta nueva forma de vida provocó la aparición de fenómenos inesperados. Aquellos animales se volvieron enormes. Los elefantes, las jirafas y los rinocerontes pasan la mayor parte de su tiempo masticando el follaje. El escaso valor nutritivo de

---

2. Moser, G., *Psychologie environnementale. Les relations homme-environnement*, De Boeck, Bruselas, 2009, pág. 53.

3. Picq, P., «À la recherche des premiers hommes», en Y. Coppens, P. Picq (dirs.), *Aux origines de l'humanité*, Fayard, París, 2001, págs. 263-299.

lo que comen hace que tengan que ingerir grandes cantidades. «El tamaño de los animales es inversamente proporcional a la calidad nutricional de los alimentos ingeridos».[4] Esto equivale a decir que los mamíferos crecen cuando consumen alimentos poco nutritivos, es decir, engordan cuando la pitanza es rica.

Los chimpancés y los gorilas de Gabón se alimentan de frutas con alto contenido de carbohidratos. Esta ingesta de alimentos mantiene un nivel de azúcar en sangre constante que almacena suficiente energía para evitar comer entre horas. Curiosamente, al tener menos necesidad de molares para masticar, desarrollan incisivos que cortan frutas y a veces carne. A veces capturan pequeños mamíferos, los matan, los descuartizan y se los comen aún calientes. Estos patrones de alimentación conducen a diferentes estrategias de vida. Los trituradores pastan uno al lado del otro, mientras que los carnívoros tienen suficiente tiempo libre para dormir la siesta, jugar e inventar herramientas. Las piedras redondas se utilizan para romper cáscaras de nuez, los palos hacen agujeros en el suelo para esconder la comida o para fabricar armas con las que los monos atacan a los leopardos, sus enemigos hereditarios.

---

4. *Ibid.*, pág. 289.

Matar para no morir

Matar para sobrevivir y producir cultura: vemos emerger la condición humana. Los homínidos, hace 3 millones de años, inventaron herramientas de piedra tallada, palos ofensivos y rituales para compartir la caza. Se han encontrado talleres cerca del lago Turkana, en Kenia, donde fabricaban puntas para pescar y pedernales afilados destinados a cortar la carne. Bastaba con almacenar rocas afiladas y distribuirlas entre el grupo para que los niños aprendieran a vivir en un edén geográfico, rodeados de adultos protectores que les enseñaban técnicas de corte y rituales de reparto.[1]

Cuando la estación era lluviosa, el ser humano primitivo comía frutas, tubérculos y masticaba hierbas blandas. Y cuando el clima se volvía seco, los herbívoros hambrientos se volvían vulnerables. Se acercaban a los pozos de agua donde se los podía matar fácilmente. Todos los miembros del clan organizaban la caza y se unían para dar el golpe.

Cuando el medioambiente era benigno, bastaba con comer fruta y pacer juntos, pero cuando el clima dificultaba la vida, la violencia se convirtió en un valor adaptativo: fue dando muerte y comiendo cadáveres como la especie humana pudo sobrevivir, iniciar su desarrollo técnico y organizar sus relaciones de grupo. «La caza estaría así en el origen de la organización social

---

1. Walker, A.; Leakey, R., *The Nariokotome Homo Erectus Skeleton*, Harvard University Press, 1993.

y familiar».[2] Para que aquellos hombres y mujeres, que medían 1,60 metros, tuvieran éxito en la matanza de antílopes y mamuts, sus capacidades cognitivas debían ser mayores que su fuerza física. Mataban con su inteligencia mucho más que con sus músculos. Fabricaban armas, afilaban pedernales, los clavaban en el extremo de una estaca, cavaban trampas e inventaban estrategias para atraer la caza y herirla para luego matarla. Luego descuartizaban el animal y repartían los cuartos de carne para compartir el cuerpo de aquel ser vivo convertido en alimento. Los cadáveres de los grandes herbívoros se pudren lentamente en un clima seco.

Dar la muerte para no morir desencadenó un estilo de aventura humana. Ya neandertal, hace 200.000 años, el ser humano percibía el animal como alimento y como taller. La caza de animales requería la coordinación del grupo de asesinos para dividir el trabajo, distribuir los ataques, utilizar las armas, aceptar a un jefe de la cacería y acordar un lenguaje suficiente para dar las instrucciones. En un mundo sin caza, los humanos habrían descubierto el lenguaje, pero no habrían compuesto las mismas historias. El cuerpo de los animales cazados requería afilar las piedras para cortar su carne y dar trozos de ella a los miembros del grupo, de acuerdo con su jerarquía emocional o social.

En los animales cazadores, esta distribución no es aleatoria. Una tigresa inmoviliza al búfalo retorciéndole el hocico, otra se come sus tetas y abre el vientre, y otra más, dominante, ataca las partes buenas de los cuartos traseros. Los lobos organizan la caza al acecho de los ciervos en función de las cualidades físicas de los cazadores: los más rápidos se pegan a la patas del animal, mientras que los más pesados corren al lado. El ciervo, dando quiebros para escapar de los depredadores, zigzagueando a de-

---

2. Patou-Mathis, M., *Mangeurs de viande. De la préhistoire à nos jours*, Perrin, «Tempus», París, 2017, pág. 191.

recha y a izquierda, acaba corriendo hacia la boca del lobo. La manada no se desordena cuando se come un animal de caza. Alternando los rituales de amenaza y sumisión, los lobos se reparten por el cuerpo, el acceso a la comida aún viva se organiza a través de la expresión de emociones de amenaza o evasión, de dominio o sumisión. Todo el grupo se las arregla para comer y los cachorros se escabullen para conseguir su parte.

En el ser humano, el animal alimenticio, una vez limpio de su parte comestible, se convierte en un taller mecánico. La grasa se almacenaba para quemarla en una lámpara desde que se domesticó el fuego, hace 500.000 años. Los huesos largos se rompían para extraer el tuétano, una especie de postre. La panza de los rumiantes se utilizaba como saco para almacenar agua. Los cuernos del ganado se transformaron en instrumentos de viento. A veces se fundía al fuego y se utilizaba como pegamento para encajar las puntas de sílex en largos palos que se utilizaban para matar mamuts. La piel se utilizaba para fabricar cuero y pieles para la ropa, cosida con los huesos afilados en los que se ensartaban hilos de ligamentos. Y, por supuesto, el arte de la joyería se desarrolló inmediatamente. Los dientes perforados formaban hermosos collares, el pelo de elefante se tejía para formar brazaletes y las aves proporcionaban plumas para embellecer los tocados. Nuestra capacidad de simbolizar hizo que estos objetos hablaran. Los jefes, cubiertos de plumas y decorados con joyas, destacaban entre el grupo desplumado y escasamente decorado.

La domesticación de ciertos animales desencadenó la primera era industrial. Durante el Neolítico, al tratar de dominar la naturaleza, se creó un nuevo orden social y un nuevo orden moral. Para construir las pirámides había que enjaezar a cientos de hombres para que deslizaran los bloques de piedra sobre troncos de árboles colocados en el suelo, como una especie de cinta transportadora. Los hombres con arneses tiraban de carros para transportar alimentos y arrastraban arados de madera para remover la tierra, sembrada luego por las mujeres. Cuando se abandonó el ronzal, que estrangulaba a los caballos, en favor del arnés de pecho, pronto se comprendió que un solo caballo podía hacer el trabajo de entre ocho y diez hombres, lo que puso inmediatamente en perspectiva la importancia de su fuerza física.

La violencia de los hombres que daban muerte y su fuerza muscular capaz de transportar cargas constituían un sistema socializador. Las mujeres, menos violentas y menos transgresoras, se socializaban de otra manera. Eran «proveedoras habituales de alimentos... domesticaban las plantas»,[3] lo que demostraba una participación esencial en la alimentación, pero era menos espectacular que matar un mamut o construir una pirámide. Esta socialización no violenta garantizaba la supervivencia de los 30 a 50 miembros del grupo, pero no producía la intensa sensación de acontecimiento de la caza o la matanza. En algunas culturas las mujeres participan en la caza, derribando la pieza, atrapándola entre ramas o mediante redes y, a veces, aturdiéndola, como hacen los monteros actuales.

En el neandertal el dimorfismo es menos claro que en el cromañón. La espalda de la señora Neandertal es musculosa, sus codos valgos están separados del cuerpo y su pelvis estrecha facilita la carrera y el lanzamiento, lo que explica su participación en las cacerías. Pero al matar la presa, «el prestigio del cazador es aún mayor porque nunca come del animal que acaba de abatir... Al compartir la presa con los miembros del grupo, el hombre gana admiración y reconocimiento».[4] En un clima templado, las mujeres aportan la mayor parte del alimento vegetal; en un clima duro, participan en la caza, distribuyen los cuartos de carne y preparan los festejos para celebrar el acontecimiento, pero es el hombre que mata el que es alabado.

---

3. *Ibid.*, pág. 213.
4. *Ibid.*, págs. 216-217.

Entre los yanomani de Brasil, los inuit de Canadá, los wamba de África oriental, el cazador es admirado por su valor, su fuerza y su poder de dar muerte. Se le estima porque el hombre que mata no se adueña de la presa. En su deslumbrante modestia, da paso a las mujeres que preparan la comida. Cuando la glaciación o la sequía limitan la disponibilidad de alimentos vegetales, la caza permite la supervivencia del grupo y la protección de los débiles. Cuando el rastreo y la matanza de la caza se convierten en un medio de supervivencia, la gloria de los asesinos es tan grande que eclipsa la función nutritiva y socializadora de las mujeres. Cuando el cuerpo de los animales se convierte en un taller de herramientas, agujas de coser o ropa de abrigo, cuando se convierte en joyas, el esqueleto adquiere un valor comercial y organiza el trueque con algunos vecinos. El grupo no sólo come, sino que viaja y descubre otras técnicas y culturas. Dar la muerte para no morir está en el origen de la organización social y del acceso al mundo del artificio, característico de la condición humana: artificio de la herramienta que actúa sobre el mundo material y artificio de la palabra que actúa sobre los mundos inmateriales.

¿Cómo no admirar al hombre violento que mata para alimentar, proteger y organizar la sociedad? Cuando las condiciones climáticas son duras, se destaca a los hombres por su valor, su ingenio y su violencia, lo que legitima las relaciones de dominación.

Pero cuando el entorno climático y social vuelve a ser suave, las relaciones de dominación adquieren el significado de una opresión insoportable.

Historias de hoy que dejan entrever el pasado

El significado que atribuimos a los acontecimientos proviene tanto de la estructura del contexto como de la historia. En otras palabras, nuestra concepción de nuestro propio pasado depende de las narrativas que compone nuestra cultura. El contexto climático dio al Sr. Cromañón el poder de dominar a través de su fuerza física. Pero la forma en que contemplamos el pasado depende de lo que somos hoy. Es con luz del presente como iluminamos el pasado. En nuestras narraciones individuales, cuando nos sentimos bien, nuestra memoria busca intencionadamente en el pasado hechos que puedan explicar nuestro bienestar. Y cuando nos sentimos mal, nuestra memoria buscará otros hechos, igual de reales, para explicar nuestro malestar. Las historias son opuestas y, sin embargo, no son mentiras, ya que hemos seleccionado e interpretado segmentos de la realidad de forma diferente.

En la memoria colectiva, los primeros descubrimientos de la prehistoria fueron iluminados con la luz del siglo XIX. Y este siglo fue el del triunfo de la violencia socializadora. La violencia de las revoluciones, las guerras nacionalistas y las expediciones coloniales se asocian a la violencia de la industria emergente. Las condiciones de trabajo eran atroces, una auténtica tortura física. En los primeros tiempos de la minería del carbón, los mineros trabajaban quince horas al día, seis días a la semana, en galerías estrechas, con temperaturas cercanas a los 45 °C. Las muertes y lesiones eran frecuentes antes de que los sindicatos mejoraran la situación exigiendo cascos y duchas. En los años 1970, todavía tuve la oportunidad de ver morir a hombres de 50 años por asfixia debido a la silicosis. Las condiciones de higiene y alojamiento eran tan malas que uno de cada dos niños moría durante su primer año.[1] Antes del descubrimiento de la profilaxis del parto,[2] un gran número de mujeres moría durante el mismo. A los niños se los llevaba la diarrea, a las mujeres las hemorragias y a los hombres el pus de las heridas infectadas y los miembros rotos por el trabajo y las peleas. En ese contexto, la violencia cotidiana convertía en héroe al más fuerte.[3] Se enseñó a las mujeres que su sufrimiento era inevitable y redentor, y que era moral admirar la violencia masculina, como todavía vemos hoy en los países devastados por la guerra.

Entre los miles de millones de acontecimientos que ocurren en la vida cotidiana, sólo se destacan los que provocan emociones.[4] Cuando contamos un suceso, añadimos la emoción provocada por el relato a la emoción que surgió cuando ocurrió el suceso. Narrar un acontecimiento es, por tanto, modificarlo, traicionarlo reuniendo dos fuentes de memoria: el recuerdo del hecho y el recuerdo de lo que se dijo para contar este hecho. Los hechos insidiosos esculpen nuestro cerebro sin que seamos conscientes de ello y los hechos relatados socializan las emociones que agudizan la memoria. Una breve separación provoca un pequeño desorden, pero cuando la figura de apego regresa, el placer del reencuentro se inscribe en la memoria y activa el apego. Cuando el suceso es trivial, no hay recuerdo, pero la re-

---

1. Jorland, G., *Une société à soigner. Hygiène et salubrité publiques en France au XIXe siècle*, Gallimard, París, 2010.

2. Ignaz Semmelweis, médico húngaro (1818-1865), descubrió que la asepsia de las salas de parto hacía desaparecer las fiebres puerperales.

3. Pinker, S., *La Part d'ange en nous*, Les Arènes, París, 2017.

4. Eustache, F. (dir.), *La Mémoire, entre sciences et société*, Le Pommier, París, 2019.

petición acaba trazando circuitos en el cerebro.[5] A fuerza de repetir la misma información de una breve separación frustrante unida al placer del reencuentro, el cerebro establece un circuito de activación del apego. Si el Otro nunca está, no se marcará ningún rastro en las neuronas. Pero si, por el contrario, siempre está ahí, la habituación acaba por adormecer la información. Por lo tanto, es necesario un ritmo que alterne la angustia de la carencia con la felicidad del reencuentro para descubrir lo importante que es el Otro. Cuando me visto con una camisa, sólo soy consciente de ella en el momento de ponérmela. Un minuto después, como sigue ahí, ya no me doy cuenta. Pero si cuento la historia de que me costó una fortuna, de cómo su extraño color provocó el sarcasmo de mis colegas, el hecho de haber hablado de ello hace que la historia que conté permanezca en el recuerdo. Al breve recuerdo del hecho se añade el recuerdo duradero de la representación verbal del mismo. Si no hablo de la acción de ponerse una camisa, no la convertiré en un acontecimiento a recordar y, sin embargo, su tacto y su calor dejarán una huella en mi memoria implícita de la que no tendré ningún recuerdo. Si mi mujer se enfada porque me he puesto una camisa rosa, cuando ella prefería una azul, nuestra discusión habrá provocado una emoción que agudiza el recuerdo. Cuando hablemos de ello más tarde, diremos: «¿Te acuerdas del día que discutimos por el color de la camisa?». La emoción del conflicto y su puesta en palabras habrán creado un recuerdo. La verbalización del acontecimiento habrá traído a la conciencia este recuerdo, que estructura nuestras narraciones. Pero si no hubiéramos hablado de ello, el hecho de ponerse una camisa cada mañana habrá creado un rastro de memoria no consciente que habrá circui-

---

5. Mansuy, I., «Comment les expériences de la vie laissent des traces dans la descendance», comunicación, «La question de l'inné et de l'acquis», coloquio ASAPP, Ministère de la Solidarité et de la Santé, París, 10 de marzo de 2020.

tado mi cerebro.⁶ De modo que hay una memoria individual trazada en la materia cerebral por las presiones del entorno, y también hay una memoria hiperconsciente, una historia de sí mismo que creemos íntima cuando, en realidad, proviene de las palabras surgidas de nuestras relaciones. ¿Significa esto que gran parte de nuestros recuerdos íntimos están impregnados en nosotros por los relatos colectivos?⁷

No podemos ser conscientes de todo, eso nos dejaría confusos. Para ver el mundo y comprenderlo, lo reducimos a unos pocos datos que nos aportan los relatos que nos rodean. Cuando contamos la historia de las guerras, ¿quién miente? ¡Nadie! Y sin embargo, los relatos son sorprendentemente diferentes. Los alemanes hablan mucho del bombardeo de Dresde (en febrero de 1945), cuando esta maravillosa ciudad en la que sólo había artistas y hospitales fue completamente destruida, causando entre 50.000 y 300.000 muertos según las fuentes. Los británicos no recuerdan este crimen y nunca hablan de él. Por otra parte, los alemanes hablan mucho de la Shoah, desde que el matrimonio Klarsfeld provocó una emoción colectiva al revelar que los genocidas vivían felizmente sin ser acusados. Al crear acontecimientos verbales, arrojaron luz sobre acontecimientos pasados, lo que cambió las narrativas colectivas. Sin embargo, «es prácticamente imposible sentir una emoción intensa sin [intentar] compartirla».⁸ Es a la luz del mundo de las palabras como vemos el pasado y le damos sentido.

---

6. Lejeune, A.; Delage, M.; *La Mémoire sans souvenir*, Odile Jacob, París, 2017.

7. Eustache, F., «Mémoire individuelle, cognition sociale et mémoire collective», en F. Eustache (dir.), *La Mémoire, entre sciences et société*, Le Pommier, París, 2019, págs. 279-301.

8. Pennebaker, J. M., «Introduction», en J. W. Pennebaker, D. Paez, B. Rimé (dir.), *Collective Memory of Political Events*, Psychology Press, Nueva York, 2008, pág. IX.

En el siglo XIX se contaban historias de revoluciones liberadoras y crueles, guerras conquistadoras, colonizaciones civilizadoras y héroes maravillosos. La violencia glorificada creó normas sociales y dio sentido a las victorias pasadas. Era moral ser violento porque este estallido colectivo, que conducía a la victoria, había salvado al pueblo. En aquella época, nadie se identificaba con el vencido: si es débil, peor para él, así reina el orden. «La impronta social determina tanto el carácter de la sociedad como el del individuo».[9]

---

9. Elias, N., *La Civilisation des mœurs*, Calmann-Lévy, París, 1973, pág. 279.

El teatro de la muerte erotiza la violencia

En el siglo XX, la guerra era un valor moral que salvaba las ideas. Los hombres fueron al frente para defender una concepción de la vida en sociedad: «Queremos glorificar la guerra, la única higiene del mundo».[1] La fuerza viril, el valor y la abnegación de los hombres en el combate y la devoción de las mujeres en el hogar jerarquizaron los valores y dieron forma a la sociedad. Las parejas y los principios educativos se organizaron en torno a esta ética.

Como cualquier organismo vivo, la sociedad es pulsátil. Alterna entre el deseo de explorar y la necesidad de seguridad. Oscila entre el odio al extraño y el amor al cercano. Durante mucho tiempo, la disposición de las tumbas se consideró una manifestación del valor supremo de la virilidad en la sociedad romana. Los hombres se preparaban para la guerra con el fin de imponer la paz. Las armas dispuestas alrededor del cuerpo del difunto daban cuenta de la estima que el grupo sentía por el hombre, que debía ser un guerrero formidable. De hecho, «el número de armas colocadas en una tumba no depende de la combatividad del difunto, sino de su lugar en la jerarquía social».[2] Los peines y las joyas encontrados en las tumbas de las

---

1. *Manifeste futuriste* (1909), citado en P. Ariès, G. Duby (dir.), *Histoire de la vie privée*, Seuil, París, 1985, t. IV, pág. 614.
2. Dumézil, B., «Les barbares», en J. J. Courtine, G. Vigarello (dir.), *Histoire des émotions*, t. I: *De l'Antiquité aux Lumières*, Seuil, París, 2016, pág. 97.

mujeres ilustran el alto estatus de la mujer muerta. Los objetos tienen alma, las armas y las joyas cuentan cómo estos muertos se ganaron su lugar y lo transmitieron a sus descendientes. La violencia que condujo al antepasado al poder estructuró la sociedad y el entierro del prestigio fue un discurso social que dio voz a la aristocracia: «El jefe quería aparecer como un hombre de paz».[3] Utilizó símbolos de fuerza para apaciguar las relaciones sociales.

La pulsión de las emociones colectivas es un orden frágil. Las erupciones de furia popular no son predecibles. Durante la Guerra de los Treinta Años, las tropas armadas merodeaban y entraban en las granjas para apoderarse de los alimentos y las mujeres que allí había. Hasta el día en que los campesinos se agruparon y entonces masacraban con extrema violencia a los soldados que no alcanzaban su regimiento con la suficiente rapidez.[4] A veces, una pequeña reforma administrativa, como el aumento del precio del papel sellado, fue suficiente para desencadenar una revuelta antifiscal, como la de 1675 en Bretaña.[5] La furia se volvió obscena cuando los espectadores que acababan de presenciar la ejecución del mariscal d'Ancre se lanzaron sobre el cadáver, lo colgaron por los pies, lo atravesaron con puñales, lo mutilaron, lo castraron y lo quemaron.[6]

---

3. *Ibid.*, pág. 98.

4. Callot, J., *La Revanche des paysans*, aguafuerte, 1633, Museo de Colmar, reproducido en J. J. Courtine, G. Vigarello (dir.), *Histoire des émotions*, t. I: *De l'Antiquité aux Lumières, op. cit.*, pág. 239.

5. Chalette, J.-B., *Allégorie de la révolte du papier timbré*, 1676, Museo de Bellas Artes de Rennes, reproducido en J. J. Courtine, G. Vigarello (dir.), *Histoire des émotions*, t. I: *De l'Antiquité aux Lumières, op. cit.*

6. Hogenber, F., *Arrestation et exécution du maréchal d'Ancre*, aguafuerte del siglo XVII, Museo Nacional del castillo de Pau, reproducido en J. J. Courtine, G. Vigarello (dir.), *Histoire des émotions*, t. I: *De l'Antiquité aux Lumières, op. cit.*

La misma furia fue filmada en la Liberación en Francia cuando un colaborador fue colgado por los pies. Una vez muerto por asfixia y al caer su cuerpo al suelo, una anciana con un moño bien cuidado golpeó el cadáver con su bastón. Cuando esta señora decidió golpear a un muerto no le dedicó un momento a la reflexión. Aquel hombre era un colaborador por razones morales, quería purgar la sociedad de sus parásitos, los extranjeros, los judíos y los discapacitados. Y la señora, igualmente moral, atacaba los restos de un hombre que había traicionado a Francia colaborando con el ocupante.

El pensamiento binario es una forma de pensar perezosa que se nos impone por su lógica: el día se opone a la noche, la derecha a la izquierda, el cuerpo a la mente y lo masculino a lo femenino. Para pensar en el mundo, tenemos que categorizarlo, clasificar los objetos según su forma, su color o su peso: no se hace boxear a un peso pesado contra un peso ligero, no se vende un buen trozo de carne al mismo precio que un mal pedazo. Desde el *Homo sapiens*, y quizá incluso antes, la división del mundo por el pensamiento nos permite verlo mejor y actuar en consecuencia. En cuanto la mente categoriza lo que ve, el mundo se vuelve claro y dicta el comportamiento.

Este pensamiento binario adquiere enseguida la connotación de un significado moral: lo de arriba es superior a lo de abajo, lo de delante es más noble que lo de atrás, lo de dentro es más inteligente que lo de fuera. El dualismo ayuda a los niños a pensar, pero cuando esta representación fragmentadora congela las certezas (si no es innata, es adquirida), refuerza las convicciones que conducen al fanatismo: «El parto representa toda la feminidad y el asesinato constituye [...] la virilidad».[7] Ya está todo dicho, no puede ser más claro, cualquier matiz se

---

7. Ariès, P.; Duby, G., «La violence et la mort», en P. Ariès, G. Duby (dir.), *Histoire de la vie privée*, Seuil, París, 1985, t. I, pág. 467.

convierte en un obstáculo para la visibilidad. Muerte al que nos angustia sembrando la duda, hay que excluirlo, meterlo en la cárcel, deportarlo, torturarlo, ¡actuamos en legítima defensa!

El pensamiento binario hizo triunfar a Occidente al legitimar las relaciones de dominación: unos hombres son más fuertes que otros, lo que les lleva a tener el poder adecuado para mandar a los animales, enjaezarlos, comérselos, someter a los esclavos, dominar a las mujeres y excluir a los que no piensan como el dominante. Algunos hombres lo saben todo, son más inteligentes que otros, lo que les da el poder de gobernar e imponer sus leyes.

Cuando nuestras condiciones de existencia nos enseñaron a ver el mundo a través de una lente que muestra que el superior domina al inferior, el fuerte aplasta al débil y el hombre utiliza al animal, concebimos el mundo en términos de dominación. Así, cuando un perro muerde a su amo, explicamos este hecho por una teoría de la sumisión: el perro, animal de carga, muerde para someter al hombre que, al servirle la comida, se ha colocado en el lugar del dominado. Desde este punto de vista, para recuperar su lugar como dominante, el hombre tendrá que vencer a su perro. Pero si uno se entrena para razonar en términos sistémicos, para ver el mundo como una cebolla en la que las causas de un hecho pueden provenir tanto de una capa cercana como de una lejana, se explicará la mordedura del perro observando que estuvo intensamente aislado durante las primeras semanas después de su nacimiento. La adquisición de un factor de vulnerabilidad le hace sentir temor en cuanto sale de su territorio conocido. Por eso, cuando su correa se enreda en un obstáculo y tú intentas ayudarle empujándole con la mano, él siente este gesto como una agresión y, al sentirse atacado, te muerde para defenderse. Si le pegas para castigarle, agravarás su sensación de ser atacado constantemente y la próxima vez que salga te morderá aún más.[8] Si crees que debes seguir siendo el líder de la manada dominando al perro, tendrás que golpearlo con extrema violencia para romper sus defensas. Por el contrario, si aceptas la idea de que un gesto de protección ha adquirido el significado de agresión para tu perro, lo acariciarás para que se sienta seguro y ya no te morderá. Lo que altera la relación entre el perro que muerde y el hombre que golpea es la adquisición de vulnerabilidad emocional por parte del perro y la autopresentación de un hombre que quiere ser dominante. Un razonamiento lineal explica que hay que pegar al perro para que se sienta dominado, mientras que un análisis ecosistémico nos hace comprender que este trastorno es el resultado de una convergencia de causas, emocionales en el perro y representacionales en el hombre.

Este breve análisis nos permite plantear la siguiente pregunta: cuando la especie humana está en guerra con el clima (gélido, cálido o seco) que hace desaparecer las plantas, en guerra con las fieras (tigres dientes de sable y leones de las cavernas) que la devoran, en guerra con los enormes herbívoros (mamuts y bisontes que hay que matar para no morir), en guerra con los carroñeros (hienas) y en guerra con los grupos humanos vecinos que pretenden robar las reservas de alimentos, ¿se podría prescindir de la violencia?

Algunos hombres, y a veces mujeres, erotizan la violencia, pero en el mismo grupo, otros hombres y muchas mujeres prefieren orientarse hacia las relaciones tranquilizadoras: construir cortavientos, buscar refugio de la dureza del clima, cultivar, criar animales, construir empalizadas para protegerse de los invasores y almacenar alimentos. En un mismo grupo existen ambas tendencias, es el contexto eco-

---

8. Lisbonne, S.; Maynard, P., «Pourquoi mon chien mord-il?», *Var-Matin Week-End*, 15 de marzo de 2020, pág. 39.

lógico y cultural el que nos orientará hacia la violencia o la cooperación.

La última edad de hielo tuvo lugar hace unos 45.000 años y terminó hace unos 12.000 años. A medida que el clima se calienta, reaparece la vegetación frondosa. La «civilización del reno»[9] quedó interrumpida. Este animal, bien adaptado a las grandes zonas nevadas con sus pezuñas planas como raquetas, no podía entrar en los bosques debido a su fuerte cornamenta. Los humanos «esquimoides» que los seguían podían cazarlos y a veces aprovecharlos, pero se veían obligados al nomadismo para acompañarlos en las zonas nevadas. Cuando el clima se suavizó, el deshielo hizo que las piedras volvieran a aparecer en el suelo, lo que permitió a los seres humanos crear una industria lítica. Tallaban cuchillas afiladas, las utilizaban para hacer azagayas y fabricaban puntas de flecha para penetrar en los cuerpos de los animales. También utilizaban piedras planas para raspar las pieles y fabricaban agujas agujereadas para coser la ropa.

Cuando la tundra dio paso a la vegetación frondosa, los grandes herbívoros se apoderaron de la zona. Las manadas de uros, rinocerontes lanudos, mamuts, bisontes y caballos pequeños ofrecían a la gente la oportunidad de matarlos, cocinarlos y transformar sus cadáveres en ropa y herramientas. La caza, en este contexto ecológico suavizado, se convirtió en una actividad organizadora de las sociedades humanas. Cuando el follaje volvió a aparecer, la caza cambió de táctica y de sentido. En la época de los neandertales, hace 40.000 años, todo el grupo participaba en la caza. Los señores, las señoras y los niños empujaban la caza hasta los grandes fosos o redes donde se podía disparar al animal. Cuando el clima se volvió más suave, el grupo sedentario aprendió a cultivar plantas y

---

9. Leroi-Gourhan, A., *La Civilisation du renne*, Gallimard, París, 1936.

construyó recintos para reunir animales. La caza, en este contexto pacífico, se convirtió en un teatro de la muerte, ya que se podía vivir sin matar. Los que tenían las armas, la fuerza física y el valor de arriesgar sus vidas para matar a las enormes bestias se ganaron la admiración del grupo. Los que sabían matar adquirían un prestigio que los elevaba en la jerarquía social[10] pero que ya no era necesario para la supervivencia. El alimento cotidiano, recogido y cosechado, se convirtió en algo femenino, menos prestigioso, al tiempo que aseguraba lo esencial de la alimentación.[11]

Un jardinero, con su ensalada, parecía insípido, mientras que un cazador cercano a la muerte creaba una impresión de trascendencia: ¿a dónde vamos después de la muerte? Desde entonces, bastaba con sacrificar a un ser vivo, matar a un prisionero o sacrificar una oveja para acceder al dios. A uno nunca se le habría ocurrido sacrificar un puerro o una remolacha, es demasiado sencillo. Sólo la muerte crea un sentimiento de trascendencia: «[En] los medios populares, donde la carne e incluso el pescado estaban prohibidos, [uno] tenía que conformarse con las peores verduras [...]. Los poderosos, en cambio, mantenían una dieta principalmente cárnica».[12]

En la época medieval se consumían sopas, gachas y galleta. Cuando apareció el molino en el siglo XI, el señor se reservó el monopolio de la harina y de los hornos para la cocción.[13] Para esta población, el pan adquiría un significado sagrado. Tirar el pan es una blasfemia. No hay aves de corral en la mesa, sólo

---

10. Ariès, P., *Une histoire politique de l'alimentation. Du paléolithique à nos jours*, Max Milo, París, 2017, págs. 33-35.

11. Testart, A., *Essai sur le fondement de la division sexuelle du travail chez les chasseurs-cueilleurs*, Édition de l'EHSS, París, «Cahiers de l'Homme», 1986.

12. Ariès, P., *Une histoire politique de l'alimentation*, op. cit., pág. 237.

13. Rivals, C., *Le Moulin et le Meunier*, prefacio de J. Le Goff, Éditions de l'EHSS, París, 2000.

pequeños pedazos de cerdo, la carne sigue siendo un plato aristocrático. La *«poule au pot»* de Enrique IV de Francia era un emblema de la democracia: «Quiero que todos los labradores de mi reino puedan cocinar la *poule au pot* todos los domingos».[14] Las aves de corral ya no estaban reservadas a la nobleza, una comida de carne a la semana. ¡Qué revolución!

Con cada variación climática, la cultura cambiaba de forma. Cuando hubo una Pequeña Edad de Hielo, entre 1570 y 1685, el puerto de Marsella se quedaba helado todos los inviernos. El trigo, mal almacenado, se pudrió a montones. La gran preocupación de la época era desarrollar el arte de quedarse en casa, inventar formas de combatir el frío y conservar los alimentos.

Existe un vínculo muy fuerte entre el clima y la cultura. Cuando es urgente dominar la naturaleza, «una inmensa revolución social, económica e intelectual»[15] permite no morir. Cuando no hay urgencia, como en los edenes geográficos donde los frutos, las hojas, el agua y los peces están a mano, los hombres pierden el placer de ser más fuertes que la muerte. Su vida se ha vuelto insípida, lo que les hace desear la muerte. En Tahití, el suicidio mata más que los accidentes de tráfico.[16] Una ecología suave, al adormecer a los jóvenes, los hace vulnerables y les priva del orgullo de haber triunfado sobre las dificultades.

Por eso, los tibetanos que conocen la felicidad fácil de las llanuras tropicales también sienten la necesidad de ascender las laderas del Everest para protegerse del monzón y acceder a la

---

14. Csergo, J. (dir.), *Pot-au-feu. Convivial, familial: histoires d'un mythe*, Éditions Autrement, París, 1999.

15. Blom, P., *Quand la nature se rebelle*, Éditions Maisons des sciences de l'homme, París, 2020.

16. Amedeo, S., en radio *Tahiti Infos*, marzo de 2019.

difícil felicidad.[17] Cuando uno queda atiborrado de la felicidad somnolienta de los edenes climáticos, se aviva la llama de la felicidad para triunfar sobre la nieve y las laderas rocosas.

---

17. Fábula introductoria, cuando Spyod-Po dice: «Tengo en esta vida todo lo que necesito», la *siddhi*, el poder que proporciona «el dominio perfecto del cuerpo y de la naturaleza». Féray, Y., *Contes d'une grand-mère tibétaine*, Picquier, Arlés, 2018, véase nota 1.

La violencia creadora

La aventura humana la empezamos mal. Tan pronto como el señor y la señora *Sapiens* llegaron al mundo, hace 300.000 años, la violencia, necesaria para escapar de la muerte, privilegió la fuerza del hombre. Era necesario dominar la naturaleza, matar animales, comer seres vivos no humanos y humanos para aumentar la autoestima y estructurar los vínculos sociales. Hubo que inventar armas para matar, y luego encontrar argumentos para que esta violencia creativa pareciera razonable y para legitimar la dominación que ponía trabas a las mujeres. Entre los francos, la educación de los muchachos en el deporte, la caza y las profesiones de combate comenzaba tras una ceremonia en la que se cortaba la barba del joven. El crecimiento del cabello es una prueba de que se cultiva la agresividad, cualidad fundamental de los hombres. La combatividad masculina permitió la supervivencia de la especie humana, la violencia creativa, la industria armamentística y las tácticas bélicas impulsaron la aventura social. No es un comienzo fácil...

¿Podríamos haber seguido otro camino? Muchas culturas guerreras han hipertrofiado esta trágica socialización. Los acadios, hace 4.000 años, dominaban Mesopotamia gracias a su organización militar y sus armaduras de cuero grueso reforzadas con discos metálicos. Los hititas, hace 3.000 años, se hicieron con el poder con sus veloces carros y descargas de flechas. Numerosos documentos nos cuentan que entre los espartanos se educaba a los niños con extrema violencia: a partir de los siete años se les apartaba de sus familias, se les cortaba el pelo, se les daba poca comida para enseñarles a robar alimentos, se les prohibía hablar y, por supuesto, quejarse. El Estado los convirtió en guerreros de los que la sociedad estaba orgullosa. Los celtas, hace 2.500 años, preferían luchar desnudos. Más ligeros, rápidos y violentos, saquearon Roma y Delfos. Los romanos se convirtieron en un modelo de violencia civilizadora. Impusieron sus leyes con un ejército enorme y superado, pero cuando fueron desafiados, concluyeron que la violencia de sus oponentes era más efectiva que la suya y adoptaron sus métodos. Los persas, los hunos, los escitas, los mongoles, los mayas, los aztecas, los turcos —junto con los jenízaros—, prácticamente todos los pueblos han utilizado la violencia contra los niños como fuerza civilizadora.[1]

Cada batalla provocaba una conmoción colectiva a la que enseguida había que dar forma verbal para recuperarse. Cualquier choque psíquico obliga a compartir las emociones para calmarlas.[2] Es necesario contar historias, escribir, esculpir tumbas para dar forma artística a la violencia de las batallas. Los archivos describen guerreros musculosos, armas extrañas, caballos ardientes que nos muestran, todavía hoy, dolorosas y maravillosas tragedias milenarias. Aquellos jóvenes, que habían domesticado la violencia para imponer su cultura, su lengua y su tecnología, fueron heroicos hasta la muerte. Al final de una vida de sublime sufrimiento, los afortunados recibían una parcela de tierra para convertirse en campesinos, o encontraban un lugar en una herrería para fabricar armas que vendían a la aristocracia ascendente. La toma del poder mediante la violencia física se combinó con la violencia de la dominación social. «Para

---

1. Toynbee, A. J., *Guerre et civilisation*, Gallimard, París, 1953.
2. Rimé, B., *Le Partage social des émotions*, PUF, París, 2009, págs. 139-142.

esta aristocracia guerrera, armada por los herreros del bronce»,[3] fabricantes de instrumentos de lucha, la violencia había creado una clase política.

Con las niñas encontramos otra forma de fabricar lo social. No se las enviaba a dormir en el suelo junto a los ejércitos conquistadores, ni se les animaba a entrar en las granjas para robar comida y violar a los habitantes, la cultura daba al cabeza de familia el poder de ofrecer a su hija en matrimonio cuando era preciso hacer la paz.

Ofrecer el cuerpo de una mujer era una forma de organizar nuevos circuitos sociales: «Si doy mi hija al hijo de mi rival, podemos combinar nuestros ejércitos, nuestras tierras y nuestras ideas. Nuestros hijos crearán una nueva filiación, de ti, mi rival, y de mí, tu rival». Al ofrecer a sus hijas, los poderosos aumentaban su poder de un modo distinto al de la guerra. Los cuerpos de las mujeres fueron utilizados para hacer un pacto capaz de imponer la paz.

Por supuesto, en esta estrategia de construcción social, las niñas no eran consideradas como personas. Sólo tenían valor para crear filiación, preferiblemente dando a luz a un niño que sería educado con dureza, enviado a la guerra, a la fábrica, a la mina o al campo. Se convertiría en un líder de guerra o jefe de familia, alabado y admirado por el grupo y temido por sus parientes. Sería glorificado, adorado como un héroe y venerado... después de su muerte.

En ese contexto sociocultural, estar enamorado de la esposa o apegado a los hijos adquiriría la connotación de un sentimiento ridículo. Un hombre tocado por el amor ya no está interesado en la gloria de la batalla. Cuando permanece atento a las necesidades de sus hijos, pierde su autoridad como cabeza de familia.

---

3. Marchand, P. (dir.), *L'Aube des civilisations*, Gallimard/Larousse, París, 1991, pág. 123.

Por el contrario, cuando erotiza la violencia, aumenta su posibilidad de victoria; se nutre de utilizar su fuerza para imponer su concepción de la vida social. Las mujeres rara vez tenían acceso a la dominación a través de esta fuerza socializadora, por lo que a cambio recibían cierta afectividad y protección contra la violencia. ¿Era éste un buen trato?

¿Podríamos haber encontrado otra forma de construir la sociedad? Si los hombres no hubieran sido violentos, ¿habríamos sobrevivido a las variaciones climáticas, a los desórdenes sociales, a las invasiones de los vecinos que querían ocupar nuestro lugar? Cuando, en tiempos de paz, ya no corremos peligro de desaparecer, cuando las relaciones violentas ya no están justificadas, ¿por qué mantenemos esta forma de socializar? Tal vez porque esta reacción que nos permitió adaptarnos y enfrentarnos a los mamuts está tan inscrita en nuestra memoria, transmitida a través de generaciones, que seguimos enfrentándonos a mamuts que hace tiempo que desaparecieron. ¿Quizás también sea beneficioso para los hombres mantener comportamientos codificados según el sexo? El pensamiento binario que ilumina el mundo hasta cegarnos se vuelve ventajoso para ellos: todo lo que no es fuerte es débil, todo lo que no es violento es suave, todo lo que no es masculino es femenino.

El cerebro, esculpido por su entorno, se convierte en un aparato para ver un mundo

La escultura cerebral, bajo el efecto de las presiones del entorno, conduce no sólo a una forma de sentir el mundo, sino también a una forma de verlo como algo evidente. Para dar forma al mundo que percibimos, tenemos que reducirlo. Nuestros órganos sensoriales son muy selectivos; no perciben la luz ultravioleta ni los infrasonidos. Nuestro desarrollo dirige la información percibida hacia las zonas cerebrales que connotan felicidad o infelicidad siguiendo los circuitos primitivos. Y nuestra historia destaca algunos escenarios mientras olvida la gran mayoría de los hechos.[1] Todas estas reducciones neurológicas, evolutivas e históricas dan forma al mundo que percibimos y llamamos «realidad».

La descripción de ciertos accidentes neurológicos puede ilustrar cómo una modificación cerebral hace ver, ver de verdad, realidades diferentes. No es infrecuente descubrir en un TAC que un pequeño accidente cerebrovascular ha dañado una zona parieto-occipital derecha. Esta área suele procesar los estímulos del espacio izquierdo. La lesión no provoca ningún trastorno motor o sensorial importante, y el paciente afirma que nada ha cambiado, que ve el mundo como antes. Sin em-

---

1. Eustache, F., «Mémoire et oubli: un duo harmonieux», en F. Eustache (dir.), *La Mémoire, entre sciences et société*, Le Pommier, París, 2019, págs. 119-131.

bargo, algunas rarezas invitan al clínico a hacer preguntas: cuando le traen la bandeja del almuerzo, el paciente se come las patatas fritas que están a la derecha y reclama el filete que está a la izquierda. Busca, a tientas, objetos que todos pueden ver menos él. Palpa torpemente los objetos que están a su izquierda y los agarra con precisión cuando se los ponen a la derecha. Se afeita la mitad derecha de la cara y afirma que se la ha afeitado toda. Se le hace una prueba pidiéndole que copie una margarita (dibuja sólo los pétalos de la derecha), un reloj (sólo copia la parte derecha de la esfera), un verso largo: «Los largos sollozos de los violines del otoño» se convierten en «los violines del otoño».[2] Descuida toda la información del espacio de la izquierda y sostiene que ha copiado todo lo que había que ver. No es ciego porque evita los obstáculos y afirma que no los hay.

Federico Fellini sufrió una deficiencia de este tipo en el córtex posterior del hemisferio derecho. Cuando su neurólogo le pidió que copiara el dibujo de una señora en bicicleta que iba hacia la izquierda, dibujó cuidadosamente el moño, la espalda y la rueda trasera de la bicicleta, pero nada en el lado izquierdo.

El área cortical afectada debía ser algo mayor, ya que también tenía el síndrome de Anton-Babinski. Sostenía que su brazo izquierdo no estaba paralizado, aunque no podía moverlo. Cuando alguien se lo indicó, se indignó y preguntó quién había osado poner allí un montón de trapos en lugar de su brazo izquierdo.

Este dato neurológico nos permite plantear el problema de las racionalizaciones, «un proceso mediante el cual el sujeto intenta dar una explicación coherente [...] a un sentimiento cu-

---

2. Botez, M. I. (dir.), *Neuropsychologie clinique et neurologie du comportement*, Les Presses de l'Université de Montréal, Montreal, 1987, págs. 142-143.

yos motivos no se perciben».³ Federico, a causa de una alteración cerebral localizada, dio una forma aparentemente racional («¿Quién puso un montón de trapos en mi cama?») a una sensación inesperada cuyo origen desconocía. Su desconocimiento del déficit izquierdo y su total ignorancia de la causa no le impidieron dar una forma verbal coherente a una parálisis de la que no era consciente y que le producía una sensación similar a un montón de trapos.

No sólo en neurología se «razona» de esta manera. En la vida cotidiana, cuando sentimos una emoción cuya causa no podemos conocer, le damos una forma verbal coherente que a menudo no tiene relación con la realidad. Nos sentimos mejor porque esta racionalización nos crea la ilusión de que entendemos el mundo y podemos actuar sobre él, lo cual es tranquilizador. Ignoramos que simplemente hemos yuxtapuesto una sensación física con una representación verbal, hemos acoplado el alma al cuerpo, como hubiera dicho Descartes. Salvo que el cuerpo es matematizable, mientras que el alma está llena de representaciones que a menudo designan objetos reales, pero que también pueden designar representaciones de objetos reales e incluso representaciones de representaciones que ya no designan nada real. Ésta es la definición de delirio: cuando la razón divaga, se aísla de la realidad saliéndose del surco (*de-lira*).⁴

El cerebro permite un abordaje matematizable: cuando ignora el espacio izquierdo o cuando percibe su brazo izquierdo como un montón de trapos, no delira, racionaliza, ya que percibe información sensible y la organiza para dar forma a lo que es real para él. Este delirio no psicótico da coherencia a la realidad.

---

3. Término propuesto por Jones, E., «La rationalisation dans la vie quotidienne» (1908), en J. Laplanche, J.-B. Pontalis, *Vocabulaire de la psychanalyse*, PUF, París, 1973, pág. 387.

4. Rey, A., *Dictionnaire historique de la langue française*, Le Robert, París, 2012, pág. 980.

No ser consciente de un hecho no impide que el sujeto lo recuerde. Nuestro aparato de visión del mundo se construye recibiendo presiones no conscientes. A un paciente con negligencia espacial unilateral (USN) se le pidió que resolviera un puzle en el que se había dibujado un globo a la derecha y un ramo de flores a la izquierda. Como era de esperar, volvió a armar el rompecabezas de los globos y descuidó el de las flores. Tardó diez minutos en completar el puzle. Una semana después, sólo tardó tres minutos en resolver el mismo puzle. El vigésimo primer día, el experimentador invirtió los dibujos, poniendo las flores a la derecha y el globo a la izquierda. El paciente tardó cuatro minutos en reproducir las flores que decía ver por primera vez. Así, había aprendido sin que lo supiera, no sabía que lo sabía y, al percibir las flores en el espacio de la izquierda, las había descuidado conscientemente mientras estaban impresas inconscientemente en su memoria.

Probablemente esto es lo que ocurre cuando nos sumergimos en un paisaje que, día a día, nos resulta familiar. Es una presión similar la que se graba en la memoria de los niños cuando escuchan a sus padres hablar de los problemas de la familia o de la ciudad cada día. Aprendemos los estereotipos de nuestra cultura a través de un fenómeno similar. Creemos que estamos razonando por nosotros mismos, cuando en realidad no hacemos más que incorporar a nuestra memoria los relatos, creencias y prejuicios del grupo. Las historias compartidas, las opiniones adquiridas inconscientemente crean un sentimiento de pertenencia al que nos adherimos con gusto porque nos solidifica. Esto es un gran beneficio. ¡Lástima que, a veces, ya no se refiera a nada real! ¿Es así como podríamos explicar los delirios colectivos en los que personas austeras, acostumbradas a pensar, pierden su libre albedrío para beneficiarse del efecto solidificador de una narrativa estereotipada?

Me impresionó mucho, durante las lobotomías a las que asistí, la increíble velocidad con la que podía cambiar una personalidad: ¡al instante! Tan pronto como el lóbulo prefrontal quedaba esquilmado o diluido mediante inyecciones de agua destilada, el sujeto dejaba de percibir el mismo mundo. He visto a pacientes lobotomizados suspirar de alivio porque sus ansiedades habían desaparecido de repente. Cuando las neuronas prefrontales que constituyen la base neurológica de la anticipación ya no pueden funcionar, la persona lobotomizada ya no puede pensar en las desgracias que probablemente van a ocurrir, ni en la muerte inevitable. La increíble capacidad de los seres humanos para vivir en un mundo imposible de percibir (pasado o futuro lejano) crea nuestra capacidad de ansiedad. El coste de la lobotomía tranquilizadora es desorbitado, ya que la personalidad del lobotomizado queda gravemente amputada. Sobrevive en un mundo inmediato, ya no puede hacer planes ni evocar su pasado. Sólo puede responder a los estímulos del contexto, como un reflejo carente de vida mental.

Hay muchos ejemplos clínicos de cómo los daños cerebrales, ya sean «terapéuticos», accidentales o médicos, cambian nuestra forma de ver el mundo. En el caso de la akinetopsia, una pequeña lesión occipital, el paciente puede ver un objeto cuando está quieto, pero en cuanto se mueve, deja de verlo. Una lesión occipital cercana desvanece repentinamente la imagen del mundo, que se vuelve blanco y negro. A veces la ceguera espacial unilateral es de origen frontal, y el paciente se vuelve indiferente a todo lo que viene de su izquierda. En este espacio, sus miembros y los objetos ya no le estimulan.[5] En las paramnesias reduplicativas de las lesiones bifrontales, el paciente sabe que está en el hospital, pero ha perdido el sentido de la topografía hasta tal punto que afirma, contra toda lógica, que el hospital se encuentra en el sótano de su casa. Una reduplicación similar

---

5. Brown, J., «The frontal lobe syndrome», en P. J. Vinken, G. W. Bruyn, H. L. Klawans, R. F. Clifford (dirs.), *Handbook of Clinical Neurology*, Elsevier Science, Ámsterdam, 1985.

puede ocurrir cuando percibe los rostros de sus familiares. El paciente ve claramente a su mujer, pero afirma que es una farsa.[6] Su percepción correcta está asociada a un sentimiento de engaño, falsificación o hipocresía. «Puedo ver que esta mujer es exactamente como mi esposa. ¿Qué es lo que me esconden?». A veces, cuando el tumor se localiza en el cuerpo calloso (esas neuronas transversales que pasan de un hemisferio a otro), el paciente está convencido de que su mano no es suya, de que es una mano extraña. Recuerdo a un paciente que podía ver que su mano estaba correctamente en el extremo de su brazo, pero se indignaba y reprochaba al interno por haber puesto en su cama una mano que no era suya. La sordera verbal no es infrecuente. El paciente oye las palabras, puede repetirlas correctamente, pero ya no entiende lo que significan.[7] Le decimos: «¿Puedes levantar la mano derecha?». Nos mira sin moverse. Repetimos: «¿Puedes levantar la mano derecha?». Permanece inerte. Luego escribimos en un papel: «¿Puedes levantar la mano derecha?». Responde: «Por supuesto» y levanta la mano derecha. Las palabras habladas se han convertido en meros sonidos para él, mientras que las palabras escritas conservan su poder lingüístico. Si la lesión temporal izquierda hubiera sido un poco más posterior, habría entendido las palabras habladas pero habría considerado las palabras escritas como meros garabatos.

---

6. Morrison, R. L.; Tarter, R. E., «Neuropsychological findings related to Capgras syndrome», *Biol. Psychiatry*, 1984, 19 (7), págs. 1119-1127.

7. Ardila, A.; Rosselli, M., *Neuropsicología clínica*, Editorial El Manual Moderno, Bogotá, 2015.

Cerebro en formación permanente

La neuropsicología es rica en análisis de procesos mentales sorprendentes y contraintuitivos. Pero hay que matizar lo que acabo de escribir. Las lesiones no tienen una topografía tan rigurosa y no siempre provocan trastornos tan precisos como los que acabo de exponer. Una vez vi en el escáner un agujero muy grande en el lugar del lóbulo temporal izquierdo, llamado «área del lenguaje», y el paciente habló sin dificultad.

Por el contrario, un pequeño agujero mal situado puede causar un daño enorme. La ceguera espacial del lado izquierdo puede ser causada por un accidente parieto-occipital derecho o por una lesión bifrontal. El paciente que reconoce a su mujer y le dice sospechosamente: «Buenos días, señora», porque cree que es un doble de ella, a menudo no tiene ninguna lesión visible.

Todos los seres humanos tienen un cerebro humano, pero cada cerebro ha sido esculpido de forma diferente por las presiones de los primeros entornos. En el útero, en cuanto el cerebro del embrión comienza a desarrollarse, se ve presionado por las emociones maternas. Después del nacimiento, cuando está en los brazos de sus padres, la construcción del cerebro está tutelada por la comprensión emocional del hogar. Entonces, cuando el niño habla, entiende las reglas y las historias que le cuentan su familia y su cultura, las incorpora a su memoria. No debería sorprendernos que cada cerebro esté personalizado, ya que es el resultado de fuerzas de conformación que han estado ejerciendo su presión desde el principio. Por eso, cuando un accidente daña una zona del cerebro, los efectos no son estrictamente los mismos. Cada persona percibe el mundo que su cerebro le muestra como una realidad objetiva. En función de su genética, su desarrollo y su historia, cada persona vive en un mundo diferente. Y, como la realidad cambia constantemente según los cambios climáticos y sociales, el cerebro nos muestra constantemente mundos diferentes.

A estos mundos percibidos como realidades objetivas se añaden connotaciones afectivas genuinamente sentidas. Porque los seres humanos podemos sufrir dos veces. La primera es cuando un estímulo químico, térmico o mecánico utiliza las vías anatómicas del dolor para alertar al organismo enviando señales de peligro de envenenamiento, quemadura o aplastamiento. Estas vías del dolor construyen circuitos comparables en todos los mamíferos. Cuando se pellizca una pata o una mano, los corpúsculos táctiles sobreestimulados viajan a lo largo de las fibras C, neuronas muy rápidas que toman el relevo en los cordones posteriores de la médula espinal hasta llegar a un núcleo del tálamo, un grupo de neuronas situado en la base del cerebro. A partir de este nivel, las vías del dolor divergen según la especie. Algunos animales con cerebros pequeños no corticalizan gran parte de esta información dolorosa, sólo lo suficiente para gritar y luchar por alejarse. Otras especies, en cambio, corticalizan mucho más y envían esta información a diferentes áreas cerebrales. La estación de clasificación talámica dirige el dolor de una picadura a la zona parietal, el resplandor a la zona occipital y un sonido doloroso a la zona temporal. Esta corticalización del dolor está especialmente desarrollada en los mamíferos humanos, ya que su cerebro, desde que se forma en el útero y tras el nacimiento, es circuitado por el entorno.

Cuando el desarrollo ha sido seguro y enriquecedor, en una familia estable y una cultura pacífica, un mensaje sensorial se dirigirá más fácilmente al núcleo accumbens, cuya estimulación desencadena sensaciones placenteras. Cuando un exceso de excitación provoca dolor, un cerebro previamente fortificado dirigirá menos información a la amígdala rinencefálica, lo que provoca sensaciones desagradables. Haber adquirido un factor de protección antes de recibir el doloroso impacto mitiga el sufrimiento.

Por el contrario, cuando el organismo de los mamíferos humanos o no humanos se ha desarrollado en condiciones adversas, los mensajes de dolor suelen dirigirse a la amígdala, que amplifica la información dolorosa. Cuando el organismo ha adquirido factores de vulnerabilidad, la misma estimulación dolorosa agrava el dolor.

En nosotros, los mamíferos parlantes, el habla vuelve a alterar la sensación provocada por los circuitos del dolor. Cuando relatamos este dolor para formular una acusación, podemos experimentar el placer de herir a quien nos hirió, pero también podemos mantener el dolor e incluso podemos agravarlo añadiendo el recuerdo de las palabras a la memoria del cuerpo. Esto explica por qué algunas personas heridas y humilladas se aferran a su dolor para agredir al maltratador: «Mira lo que me hizo». El tribunal de los Otros añade un aspecto psicodinámico que modifica el circuito del dolor sentido.[1]

A la inversa, las palabras pueden servir para aliviar el dolor: «Tengo que explicarle mi dolor, para que me ayude». El trabajo de hablar, la elaboración, crea una anticipación, como una esperanza que alivia. Al añadir el recuerdo de lo dicho al de lo sentido, modificamos los circuitos del sufrimiento que dirigimos en cada entrevista hacia el núcleo accumbens que aporta placer. Este circuito neurológico a través de la acción

---

1. Éustache, F. (dir.), *La Mémoire, entre sciences et société*, Le Pommier, París, 2019, págs. 646-648.

del habla explica que algunas personas traumatizadas agraven su sufrimiento rumiando, repitiendo constantemente el recuerdo del dolor, lo que define el síndrome psicotraumático. Otros, en cambio, utilizan la palabra para entender lo que les ha pasado o para cambiar su imagen de persona herida, contando una historia difícil que han superado, escribiendo una novela o implicándose en la sociedad para que «mi ejemplo sirva a los demás». Este uso de la palabra no cambia el dolor que realmente se sintió, sino la representación del dolor pasado, que deja de torturar en el presente.

El ejemplo del miembro fantasma me permitirá ilustrar la idea de que es posible actuar sobre el entorno que actúa sobre nuestro cuerpo. Tras una amputación, no es raro que el paciente siga sufriendo por el miembro que ya no tiene. A veces ha hecho falta amputar un pie a causa de la gangrena diabética, que durante meses ha estado enviando incesantemente mensajes de dolor. Dos de cada tres pacientes sufren durante más o menos tiempo de un pie amputado que ya no existe, pero cuya vía neurológica sigue circulando por el cerebro. La estimulación ya no parte del pie retirado, sino de la huella de los circuitos dolorosos que permanece en la parte cortical de las vías del dolor. Se puede ver el flujo rojo de neuronas trabajando para llevar un mensaje doloroso que, en lugar de partir del pie, parte del núcleo VPL (ventro-postero-lateral) del cúmulo talámico y envía la alerta a la zona cingulada anterior del córtex. El paciente sufre realmente de un pie que ya no existe porque el impulso de la huella de la memoria del dolor permanece en el cerebro. El dolor repetido durante meses ha dejado una huella real en los circuitos del dolor del cerebro. La palabra «huella» es apropiada porque los amputados jóvenes sufren menos dolor que los mayores. Sus cerebros son tan plásticos que se imprimen en otras zonas del cuerpo, enterrando el rastro de memoria del miembro fantasma. Los cerebros más viejos, que se lignifican con la edad, tienen más dificultades para crear nuevas huellas y conservan el recuerdo de la primera vía del dolor.

Hasta que a Ramachandran se le ocurrió pedir a los amputados que se miraran en un espejo mientras hacían ejercicios.[2] Supongamos que a un paciente le han amputado la mano izquierda. Se le pone delante de un espejo y se le pide que haga gestos con la mano derecha. Lo que ve en el espejo es un movimiento de su mano izquierda. Al repetir el ejercicio, circula nueva información y el sujeto recuerda los movimientos de la mano izquierda, que está amputada en la vida real y, sin embargo, es realmente visible en el espejo. Los resultados son buenos, especialmente en jóvenes. Puede ocurrir que el dolor se agrave, lo que confirma que cada cerebro está circuitado de forma personal y que, a veces, el simple hecho de ver al fisioterapeuta mover su mano derecha, mientras la mano izquierda del paciente está amputada, suprime su dolor de miembro fantasma. Esto confirma de forma muy sencilla la existencia de las neuronas espejo, que incitan al cerebro a hacer él mismo el gesto que percibe en el cuerpo de otro.[3] Giacomo Rizzolatti, en Parma, estaba estudiando la neuroimagen de macacos cuando se sorprendió al ver que el cerebro de un mono se activaba cuando el animal miraba al científico haciendo un gesto significativo. Cuando el experimentador dirigía su mano hacia una manzana, se activaban en el animal las neuronas cuya estimulación provoca el mismo gesto: ver un gesto lo preparaba para hacer el mismo gesto. Los cerebros del hombre y del animal trabajaban en sincronía.

La existencia de neuronas espejo en los niños explica su sorprendente tendencia a imitar gestos. El impulso de imitar

---

2. Ramachandran, V. S.; Altschuler, E. L., «The use of visual feedback, in particular mirror visual feedback, in restoring brain function», *Brain*, 2009, 132 (7), págs. 1693-1710.

3. Rizzolatti, G.; Sinigaglia, C., *Les Neurones miroirs*, Odile Jacob, París, 2008.

les ayuda a aprender a armonizar sus cuerpos para jugar. La capacidad de repetir los movimientos bucales de los demás para producir sonidos les ayuda a aprender a hablar sin acento, es decir, con la música de las palabras de los compañeros de grupo.

Las alucinaciones de duelo son más comunes de lo que se cree. Las viudas oyen la respiración de su marido por la noche, o sus pasos por la tarde cuando vuelve del trabajo. No hablan de ello por miedo a que les tomen por locas, pero es un recuerdo fisiológico sano, grabado en el cerebro por los años de convivencia.

En la vida cotidiana, este fenómeno de la memoria explica por qué los niños maltratados esperan ser golpeados[4] incluso cuando son retirados de su entorno abusivo. La repetición de las palizas, a una edad en la que la memoria es muy viva, les ha enseñado a esperar las palizas. Cuando un adulto vive durante mucho tiempo en condiciones adversas, le resulta difícil adaptarse cuando su entorno vuelve a ser favorable. Muchos supervivientes de los campos que habían dormido en tablas durante uno o dos años ya no podían dormirse en una cama tras la Liberación. Se tumbaban en el suelo a los pies de la cama y allí encontraban la dureza del suelo inscrita en su memoria. La familiaridad de esta estimulación les hacía sentirse seguros y les ayudaba a conciliar el sueño. La suavidad de un colchón, una información inesperada, les mantenía despiertos y a veces incluso les provocaba ansiedad. Algunos sentían que no se merecían esta suavidad, lo que llevó a respuestas conductuales inadaptadas, como responder de forma poco amable a una declaración de amistad. No es raro que un niño que ha sido maltratado rompa o pierda el regalo que le acaban de dar, como si pensara: «No

---

4. Miljkovitch, R., *L'Attachement au cours de la vie. Modèles internes opérants et narratifs*, PUF, París, 2001.

merezco ser amado, me da ansiedad. Rechazo su declaración de amor que me desespera». Cuando un niño ha inscrito un abuso duradero en su memoria, está ansioso por recibir el amor que necesita y desesperado por no recibirlo.

Cómo aprender a desesperar

Algunos datos clínicos y experimentales nos mostrarán hasta qué punto un cerebro solo no puede funcionar. Aislado, se apaga. Un cerebro necesita la alteridad para ser estimulado. Es la armonización de dos cerebros lo que da salud a cada uno, la sensación de acontecimiento que estructura una personalidad. Esto demuestra lo inseparable que es el individuo de su contexto. La cultura occidental nos ha hecho creer que una persona puede desarrollarse sin tener en cuenta la presión de los demás. Los estudios de psiquiatría social nos muestran que esta noción de individuo sin contexto es una ilusión de nuestro pensamiento.[1]

Un procedimiento experimental demuestra cómo, sometiendo a un organismo sano a una presión ambiental agresiva, se le puede enseñar a dejar de defenderse.

Durante un seminario de investigación celebrado en el Hospital Timone de Marsella, en el departamento del profesor Sutter, me llamó la atención el brillante experimento de un investigador que nos mostró cómo una rata colocada en condiciones adversas aprendía a dejarse morir.[2] Las ratas blancas de laboratorio, de la misma cepa genética, son bien tratadas

---

1. Coutanceau, R.; Canoui, P.; Cyrulnik, B.; Bennegadi, R. (dir.), *La Parole libé-ratrice*, Dunod, París, 2019.
2. Porsolt, R. D.; Le Pichon, M.; Jalfre, M., «Depression: A new animal model sensitive to antidepressant treatments», *Nature*, 1977, 266 (5604), págs. 730-732.

hasta el experimento. En la prueba de natación se eligieron cien ratas que habían sido criadas en buenas condiciones con sus madres. En un momento dado, fueron colocadas en un gran tubo de cristal lleno de agua y el científico cronometró el tiempo que permanecían nadando antes de hundirse. Todas estas ratas nadaron durante quince minutos antes de aceptar ahogarse. En ese momento, el experimentador las sacaba del agua.

Luego tomó otro conjunto de cien ratas de la misma cepa que habían sido aisladas, privadas de sus madres, durante los primeros días de su existencia. En el tubo lleno de agua, nadaron durante diez minutos antes de rendirse.

Un tercer grupo de cien ratas, después de haber sido bien tratadas, fueron introducidas en el tubo lleno de agua y luego extraídas rápidamente, secadas, alimentadas y cuidadas. Algún tiempo después, se volvió a introducir a estas ratas en el tubo: ¡se resignaron a hundirse tras veinte minutos de natación!

Este experimento confirma que un organismo que ha sido atacado durante su desarrollo temprano ha adquirido una vulnerabilidad que le lleva a defenderse menos. ¿Podríamos decir que ha aprendido a perder la esperanza? Por el contrario, un organismo que se ha fortalecido durante su desarrollo «cuando me meten en un vaso de agua no es grave porque, en mi memoria, sé que me van a rescatar, sólo tengo que nadar mientras espero».

Este trabajo de laboratorio aclara un dato clínico que nos intrigaba. Cuando una persona sufre un segundo traumatismo, los que han sido rescatados tras el primer ataque son más capaces de soportar el segundo. Se dice entonces que son sujetos «experimentados». Pero los que fueron abandonados en el primer trauma lo tienen aún más difícil para soportar el segundo estrés. Se dice que están debilitados. Su reacción al segundo trauma depende de la calidad del rescate durante el primer trauma. Esta explicación se aplica a las mujeres que han sido violadas: las que han sido desatendidas suelen ser revictimizadas,[3] violadas de nuevo porque, habiendo perdido la esperanza y la autoestima, renuncian a defenderse, se dejan hundir.

La misma constatación se ha confirmado a escala de una población. Tras la invasión israelí del sur del Líbano en 1982, los soldados que habían sufrido la Shoah en Europa sufrieron un elevado número de psicotraumas, mientras que los Sabras nacidos en Israel, que sólo habían vivido las victorias desde 1948, sufrieron muy pocos. Lo más importante es que el significado de la guerra había cambiado. En la época de la creación de los dos Estados, el palestino y el israelí, la guerra adquirió un significado de autodefensa para los judíos: «[...] formamos una sociedad colectiva, en la que hablamos de nuestro hermoso país, de la nobleza de morir por él. Nuestra historia fue la de una superación de traumas».[4] Pero el significado de la guerra de 1982 fue muy distinto. Fueron los israelíes quienes invadieron el territorio libanés para detener los bombardeos de los palestinos que ocupaban el sur del Líbano. «El conflicto israelí-palestino adquirió una dimensión colonial».[5] El número de síndromes psicotraumáticos se triplicó en los veinte años siguientes a esta guerra.[6] Los soldados israelíes dejaron de ser héroes salvadores para convertirse en ocupantes.

¿Dónde está la verdad en todo esto? Un matemático dirá: «Es cierto, de lo contrario no puede ser». Un biólogo afirmará: «Es cierto como lo son los rayos, una breve luz a lo largo de la evolución». Y un psicólogo dará fe de que «lo que es verdad, lo es sólo para cada uno de nosotros».

---

3. Coutanceau, R.; Damiani, C. (dir.), *Victimologie. Évaluation, traitement, résilience*, Dunod, París, 2018.

4. Maercker, A.; Schutzwohl, M.; Zahava, S. (dirs.), *Post Stress Disorder. A Lifepan Developmental Perspective*, Hogrefe and Haber Publishers, Toronto, 1999.

5. Barnavi, E., *Dix thèses sur la guerre*, Flammarion, París, 2014, pág. 20.

6. Véase el filme *Vals con Bachir*, Ari Folman, 2008.

Entonces, ¿cómo no acabar diciendo cualquier cosa? Una actitud psicoecológica puede analizar cada engranaje de un sistema:

- *Cerca del cuerpo*, la temperatura, la luz, el clima y las sustancias beneficiosas y perjudiciales afectan a los metabolismos.
- A *media distancia*, la presión proviene del cuerpo de la otra persona, de su forma de actuar y de establecer relaciones afectivas mediadas por gestos y palabras.
- En *el nivel más alejado del cuerpo*, las narrativas colectivas, las organizaciones sociales, los sentimientos y las creencias actúan sobre nuestro cerebro, nuestro desarrollo y nuestra historia.

Innovaciones técnicas y explosiones culturales

A lo largo de la vida, nos adaptamos al ciclo de las estaciones. Es un placer ponerse ropa ligera o de abrigo, comer frutas de temporada, encender un fuego en invierno y ponerse a la sombra en verano. A escala generacional, un cambio de clima, una glaciación o un calentamiento cambian la vegetación, el comportamiento de los animales, la selección de especies y el trabajo de los humanos: la caza, la agricultura, la construcción de refugios y el significado que damos a los acontecimientos gracias a nuestros relatos.

Con cada cambio de clima, las plantas se adaptan y se transforman,[1] lo que no es lo mismo. Cuando la planta se adapta, funciona de forma diferente pero no cambia. Cuando el agua escasea, la flor pliega sus pétalos y la hoja se marchita, lo que reduce la evaporación. Pero cuando el cambio climático se impone, este sistema de defensa ya no es suficiente y, para no morir, la planta se transforma y se vuelve espinosa. Se dice que un suelo es resistente cuando, tras una inundación o un incendio, la vida se reanuda, pero se transforma. Tras el incendio de Cap-Sicié, cerca de Toulon, en 1978, el monte quedó negro y los troncos carbonizados adoptaron la forma de dedos retorcidos. «Los árboles son malvados», me dijo un paciente. Dos o tres años

---

1. Mathevet, R.; Bousquet, F., *Résilience et environnement. Penser les changements socio-écologiques*, Buchet-Chastel, París, 2014, pág. 39.

después, los alcornoques, liberados de la sombra de los pinos, habían crecido. Crecieron los arbustos, la caza menor proliferó y las águilas empezaron a sobrevolar. Un nuevo sistema comenzó a funcionar, la vegetación transformada transformó el mundo de los pequeños mamíferos y las rapaces. Este proceso de «adaptación-transformación» define la resiliencia que, tras un período de estrés, cambió el sistema. Cuando la sequía se instaló en el sureste de Francia, florecieron los cítricos, los limones, las naranjas y las bergamotas. Pero este nuevo sistema no convenía a los cereales: los escarabajos se comían el maíz, las bacterias dañaban los olivos y el trigo, más pequeño, se pudría. Como el sol y la sequía continuaron durante décadas, acabó surgiendo un nuevo maíz de crecimiento rápido y grano pequeño.

Los animales sufrieron el mismo proceso de adaptación-transformación. Cuando el clima se volvió demasiado cálido, la respuesta adaptativa de las aves fue migrar a los países fríos del norte. Tras varias generaciones, su tamaño era menor, lo que aumentaba su metabolismo y les ayudaba a combatir el frío. En Australia, antes del calentamiento, los mamíferos vivían en un territorio en el que el cielo y la vegetación ofrecían excelentes condiciones de vida para los enormes herbívoros. La megafauna de enormes dragones de Komodo, cocodrilos terrestres de dos toneladas, serpientes de 150 kilos y canguros de tres metros poblaban este continente. Cuando el cielo se oscureció hace 65.000 años, el metabolismo de la clorofila de las plantas se debilitó demasiado, lo que provocó la desaparición de las plantas y, con ellas, de los dinosaurios. Esta transformación del entorno vegetal y animal fue adecuada para los mamíferos, que iniciaron su expansión global. La llegada del ser humano a Australia agravó este proceso, cuyo paisaje se metamorfoseó en 10.000 años.[2]

---

2. Miller, G. H. *et al.*, «Ecosystem collapse in Pleistocene Australia and a human role in megafaunal extinction», *Science*, 2005, 309 (5732), págs. 287-290.

Los seres humanos, al igual que las plantas y los animales, se adaptan a estos cambios ecológicos modificando su metabolismo. Pero como también viven en un mundo en el que estructuran la sociedad a través de sus representaciones mentales, inventaron nuevas armas para cazar estos nuevos animales. Desarrollaron otras técnicas agrícolas para cultivar estas plantas modificadas, exterminaron ciertas especies y domesticado otras, como los gatos, los hurones o los zorros que han acabado con muchas aves y roedores.

Estas conmociones naturales (la glaciación o el calentamiento), estas innovaciones técnicas (las armas y las normas sociales) provocan intensos cambios en la manera de convivir. El más mínimo invento técnico provoca una inmensa conmoción social y cultural. Cuando un chino descubrió, hace 5.000 años, que el hilo que segrega la hembra del capullo de la morera podía utilizarse para fabricar un tejido fuerte, ligero y que retiene el calor, dio origen a una enorme industria de fabricación y comercio de seda. La Ruta de la Seda, una magnífica aventura desde hace 2.500 años, dibuja sobre el mapa la relación entre Oriente y Occidente. Los chinos organizaron caravanas de camellos y caballos para transportar el preciado textil a través de desiertos, montañas y ciudades. En cada etapa, las transacciones monetarias y administrativas fueron llevadas a cabo por griegos y judíos. Al transportar la seda, los caravaneros llevaban consigo herramientas, idiomas, ideas y creencias. El budismo, el mazdaísmo y más tarde el islamismo también siguieron la Ruta de la Seda.[3] El colapso asiático provocado por Gengis Kan y Tamerlán (siglos XIII al XV), al impedir estas caravanas, propició el desarrollo de la cría de gusanos de seda en la Provenza. Cuando la ruta se reanudó, se volvió más marítima e hizo una escala en Antioquía, en Siria. Incluso hoy, la nueva Ruta de la Seda sigue

---

3. Anquetil, J., *Routes de la soie*, J.-C. Lattès, París, 1992.

el mismo camino y tiene los mismos efectos benéficos y perniciosos.[4] Junto con las hermosas telas, los caravaneros llevaban el bacilo de la peste. Beneficio: hermosas telas de colores inundaron las tiendas de Londres y París. Maldición: el transporte de virus y bacilos provocaba regularmente epidemias mortales. Hoy en día, el mismo transporte de mercancías y bacilos se realiza con camellos llamados «aviones» y con caravaneros organizados en empresas internacionales.

El siglo XIV estuvo marcado por la peste negra transmitida por pulgas y piojos. Entre 1348 y 1352, esta peste bubónica mató a seis millones de franceses.[5] Antes de la peste, cuando el señor vendía tierras, también vendía a los siervos que vivían en ellas. Dos años más tarde, cuando la epidemia mató a uno de cada tres europeos, los campesinos habían adquirido tal importancia que la servidumbre desapareció casi sin discusión. La catástrofe sanitaria había alterado el *ethos*, la jerarquía de valores. Luego vino el «siglo de las pestes», entre 1345 y 1570, cuando casi todos los años estallaba una epidemia. En 1720, un barco cargado de seda y algodón hizo escala en Antioquía antes de llegar a Marsella. Para llegar lo antes posible a la feria de tejidos de Beaucaire, los comerciantes no respetaron la cuarentena. Descargaron fardos de tela rellenos de bacilos por la noche y, en pocos meses, murieron 150.000 personas en Provenza y Languedoc. La repetición del mismo proceso provocó los mismos efectos: el acopio de bienes y la carrera por el beneficio provocaron regularmente epidemias mortales y catástrofes sociales.

Cuando un reactor de la central nuclear de Chernóbil explotó el 26 de abril de 1986, la cantidad de elementos radiactivos dis-

---

4. Lasserre, F.; Mottet, E.; Courmont, B. (dir.), *Les Nouvelles Routes de la soie. Géopolitique d'un grand projet chinois*, Presses de l'Université du Québec, Quebec, 2019.

5. Moriceau, J.-M., *La Mémoire des croquants 1435-1652*, Tallandier, París, 2018.

persados por los vientos fue equivalente a doscientas bombas de Hiroshima. Treinta años después, la radioactividad ha perturbado el crecimiento de los troncos y las ramas de los árboles, más retorcidas que nunca. Lobos, osos y alces se han trasladado a la zona abandonada por los humanos. Los topillos y los ratones de campo corren libres, y las mutaciones genéticas en aves y mamíferos son numerosas. La organización social del ser humano y sus reacciones psicológicas se ven sorprendentemente alteradas. A la explosión del reactor le siguió una explosión de críticas que estaban prohibidas en la época en que el régimen comunista controlaba las relaciones. Se llamó a expertos no políticos, físicos, médicos y economistas para resolver el problema. La crítica al régimen se volvió posible.

En el mundo de la agricultura también ha estallado un fenómeno hasta ahora latente. Ahora es necesario aprender la química de los fertilizantes, la biología de las plantas, el arte de la medicina veterinaria, la mecánica de las grandes máquinas y la gestión empresarial. Ya no se trabaja como aquellos agricultores de grandes manos, ya no se trabaja en grupo, con aldeanos que trabajan juntos en la cosecha y cantan por la noche en la vigilia, cada uno se encuentra aislado, con la única preocupación de los problemas técnicos.

Esta nueva condición del campesino es un caldo de cultivo para las ideas suicidas. Socialmente, surge la organización en cooperativas, en consorcios con agricultores asalariados que dependen de bancos y científicos para secuenciar el policultivo de trigo, cebada, remolacha o amapolas para las farmacias. No es de extrañar que grandes empresas como Solvay, L'Oréal o Air Liquide gobiernen la agricultura. La finca ya no forma parte de la herencia, pues pertenece a un fideicomiso y ya no a una persona. Los hijos de los agricultores ya no son agricultores. Los jóvenes agricultores estudian mucho, a veces se doctoran, y aspiran tanto a ser agricultores que aceptan trabajar duro por unos ingresos escasos.

El ser humano no puede separarse de su entorno, como quiere hacer creer un individualismo simplificador. Su cuerpo es una encrucijada de presiones ecológicas y su alma una encrucijada de narrativas. El estudio del entorno físico es una fuente de ideas para los arqueólogos, y los historiadores lo utilizan para escribir una «ecohistoria».[6] Esta última, alimentada por la literatura y la sociología, analiza cómo se construye un mundo mental en diferentes direcciones según los climas, las sociedades y las narrativas, «una dialéctica entre las ciencias naturales y las ciencias humanas».[7]

---

6. Delort, R., «L'histoire entre le cosmos et le hasard: entrevue avec Robert Delort», *Médiévales*, 1985, 9, págs. 7-18.

7. Fressoz, J.-B.; Graber, F.; Locher, F.; Quenet, G., *Introduction à l'histoire envi-ronnementale*, La Découverte, París, 2014, pág. 6.

El clima y la estatura de los seres humanos

El interés de los biólogos e historiadores por el clima comenzó en el siglo XVIII. El calor, la luminosidad, ejercen presión sobre los cuerpos de los seres humanos, su comportamiento e incluso sus organizaciones sociales. La forma aparentemente racional (racionalizaciones) que inventaron les dio la ilusión de entender el mundo.

En el siglo XVII, la Pequeña Edad de Hielo[1] aumentó el tamaño de los glaciares, lo que disminuyó las precipitaciones en el Magreb, lo que aumentó el tamaño del Sáhara, lo que provocó la deserción de los pueblos del Norte y provocó largos años de miseria en Francia. El mosquito anofeles huyó del frío del Norte, abandonó Inglaterra donde transmitía la malaria y se instaló en los alrededores del Mediterráneo. Las áreas cultivadas se redujeron, las cosechas fueron desastrosas, la demografía se derrumbó durante la Guerra de los Treinta Años (1618-1648) y, «en un período de 2.000 años, la talla del ser humano llegó a su nivel más bajo».[2]

Se trata de un razonamiento sistémico que requiere la integración de diversas disciplinas: para que la talla de los seres

---

1. Le Roy Ladurie, E., *Histoire humaine et comparée du climat*, t. I: *Canicules et glaciers, XIIIe-XVIIIe siècles*, Fayard, París, 2004.

2. Berhinger, W., *A Cultural History of Climate*, Polity Press, Londres, 2010.

humanos varíe significativamente, el entorno físico debe estimular la parte del cerebro que induce las secreciones neurohormonales. La morfología resultante implica una adaptación conductual y técnica para producir alimentos vegetales o animales. El *ethos*, la jerarquía de valores morales resultante, destaca a la persona que mejor se adapta a la producción de alimentos y a su distribución social.

El señor y la señora *Sapiens* aparecieron en Etiopía hace 300.000 años. Su tamaño y su morfología resultan de la combinación de los determinantes genéticos de un espermatozoide y un óvulo. Desde las primeras divisiones celulares, el entorno físico y químico ralentiza o activa el trabajo de las células. Desde el embarazo, el estilo de existencia de los padres proporciona al bebé un nicho sensorial que guía el proceso de desarrollo en diferentes direcciones. Y cuando el pequeño ser humano entra en el mundo de las palabras, las historias que oye determinan sus reacciones emocionales y de comportamiento, así como sus compromisos históricos.

Hace 40.000 años, el señor y la señora Cromañón eran muy altos. El esqueleto del hombre de Grimaldi, en el museo de Mónaco, mide 1,95 metros y el de la señora, hallado en la cueva de Cavillon, cerca de Ventimiglia, 1,90 metros.[3]

Sin embargo, en el Neolítico, hace 10.000 años, nuestros antepasados sólo medían 1,60 metros. Dado que los determinantes genéticos son los mismos, debemos admitir que esta disminución de la estatura es atribuible a presiones ambientales que fomentaron un tipo de crecimiento diferente. Las variaciones de estatura correlacionadas con el entorno económico muestran que los niños crecen mejor en las culturas en paz. Cuando el Imperio Romano dominaba Occidente, los soldados dejaban

---

3. Lumley, H. de (dir.), *Grotte du Cavillon: sous la falaise des Baousse Rousse, Grimaldi, Vintimille, Italie*, t. II: *La Sépulture de la dame du Cavillon anciennement nommée l'homme de Menton*, CNRS, París, 2016.

grandes esqueletos, y cuando esa civilización se derrumbó los esqueletos eran más pequeños. Se trata de una prueba de adaptación que ahora se explica gracias a los trabajos sobre epigenética.[4]

En el momento de las primeras recogidas sistemáticas de información, en 1914, los hombres medían 1,75 metros y las mujeres 1,63 metros. Hoy en día, los jóvenes son considerablemente más altos: los chicos miden 1,88 metros y las chicas 1,74 metros. Un subgrupo que plantea una cuestión social es que en las zonas ricas, tanto las niñas como los niños son mucho más altos que en las zonas pobres. Cuando los padres ganan mucho dinero, los niños comen menos azúcar, sal y carne, prefieren cocinar más verduras y darles más fruta. Cuando los padres son pobres y tienen dificultades para organizar su jornada laboral, compran platos industriales ricos en azúcar, sal y grasa que hacen que los niños sean obesos. ¿Podría ser un fenómeno similar el que explicara la reducción de la estatura de los habitantes del Neolítico? Los cazadores-recolectores, más altos y nómadas, se alimentaban principalmente de hojas y frutas, mientras que los campesinos neolíticos, más sedentarios, comían semillas con carbohidratos y carnes grasas.

Los alimentos son marcadores sociales que contribuyen al crecimiento de la estatura y el peso, al igual que las condiciones de vida. En Manchester, en el espacio de un siglo (1760-1850), la estatura y la esperanza de vida de los hombres descendieron bruscamente. El rápido desarrollo de la industria había creado unas condiciones de vida lamentables. «El auge del capitalismo industrial estuvo marcado por una extrema brutalidad».[5] Los propietarios de fábricas o minas, para alcanzar el éxito social,

---

4. Epigénesis: una secuencia genética, al responder a las incesantes variaciones del medio, produce desarrollos distintos.

5. Frey, C. B., *The Technology Trap: Capital, Labor and Power in the Age of Automation*, Princeton University Press, Princeton, 2019.

no dudaban en hacer trabajar a los niños. En la escala de valores de aquella sociedad, la producción se anteponía al desarrollo de los niños. Los niños y las niñas iban a la fábrica a partir de los 10-12 años, trabajando de pie en medio del frío bajo la amenaza de los capataces. Las dificultades físicas y el estrés detuvieron su desarrollo. Permanecer de pie durante largos períodos de tiempo provocó la compactación de los cartílagos de conjugación que, una vez fusionados, bloquean el crecimiento del hueso. Este fenómeno explica que, incluso hoy, los trabajadores tengan las piernas más cortas que los intelectuales, quienes, al ir a la escuela, permanecen sentados durante muchos años. La brutalidad de las relaciones provocó un aumento de las sustancias estresantes (cortisol, catecolaminas) que dejaban pasmado al cerebro de los niños, haciéndoles perder su capacidad de aprendizaje, como relató Charles Dickens, obrero en una fábrica a los 12 años.[6] No fue hasta la llegada de los sindicatos cuando mejoraron las condiciones de trabajo y se retrasó el empleo de menores en fábricas y minas.

El cerebro funciona de forma diferente según el estilo de vida, que es a su vez una adaptación a la estructura del entorno. Los niños ricos, en un hogar confortable, asegurados por una constelación familiar de cuatro a seis personas, adquieren fácilmente una alternancia sueño-vigilia que les hace descansar y estimula su memoria.[7] Cuando los padres hablan de la escuela de forma divertida e interesante, destacan la institución, que los niños valoran. Muchas familias pobres hacen lo mismo al hablar de la escuela de su infancia como un lugar de desarrollo e integración social. Pero no es éste el caso en una familia violenta, abusiva o socialmente precaria. Cuando los padres ansiosos sólo hablan

---

6. Ackroyd ,P., *Dickens*, Vintage, Londres, 2002.

7. Bowlby, J., *Attachement et perte*, t. I: *L'Attachement*, PUF, París, 1978, págs. 79-87.

de los impagos del alquiler o del difícil final de mes y no del placer de aprender, la visión que se transmite no es la misma y el hogar familiar, constantemente en alerta, sobreestimula el sistema límbico y los circuitos del miedo del cerebro del niño.

Por tanto, no es el tamaño del cerebro lo que rige el desarrollo del niño, sino su transacción con un entorno físico y social y un entorno emocional y verbal humano. El neandertal, con su gran cerebro y sus voluminosos lóbulos occipitales, hablaba peor que el cromañón. Tenía un léxico débil, fabricaba armas para matar la caza mayor cuya carne compartía, medía 1,60 metros y moría a los 35 años tras haber tenido todos los hijos posibles para asegurar la supervivencia de la especie.[8]

El hombre actual tiene un cerebro más pequeño que el del hombre de neandertal, pero su rendimiento intelectual no es menor. La mujer, cuyo cerebro pesa 250 gramos menos, alcanza rendimientos académicos, artísticos, intelectuales y sociales que mejoran con cada generación.[9]

Hasta hace poco, la esperanza de vida de las mujeres era corta. En el siglo XIX, las mujeres morían a los 36 años, tras trece embarazos, de los cuales sólo cuatro hijos llegaban a la edad adulta. Los hombres viven más tiempo (64 años en 1950, 68 años en 1970, 79 años en 2020). Las mujeres de hoy alcanzan más de 85 años y muchas llegarán a ser centenarias. La morfología del hombre y la mujer, determinada genéticamente, no impide que las condiciones de la existencia modifiquen su aspecto físico, su esperanza de vida y su función cerebral.

Las mentes de los seres humanos organizan el entorno que esculpe los cuerpos y las almas de quienes lo habitan. Desde los cazadores-recolectores, hemos modificado increíblemente el

---

8. Bourguignon, A., *Histoire naturelle de l'homme*, t. I: *L'Homme imprévu*, PUF, París, 1989, págs. 191-194.

9. Beaune, S. A.; de, Balzeau A., *Notre préhistoire. La grande aventure de la famille humaine*, Belin, París, 2016.

medioambiente, que nos ha modificado increíblemente a nosotros. Con esta observación paradójica: no hay progreso sin efectos secundarios, y a veces los daños superan a los beneficios. Es probable que los cazadores-recolectores, menos civilizados que el hombre neolítico, tuvieran una vida más larga y saludable. Cuando hace 10.000 años inventaron la ganadería y la agricultura, pudieron comer animales sin tener que cazarlos y almacenar alimentos sin tener que buscarlos lejos. Este indudable progreso técnico creó las condiciones que condujeron a las epidemias, a la contaminación del aire y del agua, por no hablar de las guerras de quienes codiciaban la propiedad de los sedentarios e industriosos neolíticos.

Un cerebro siempre nuevo

Inventamos el entorno que esculpe nuestro cerebro y nos hace ver mundos diferentes. Hemos heredado esta humanización que, a lo largo de los milenios, nos ha legado un cerebro nuevo. Un cerebro siempre es nuevo porque depende de presiones naturales y culturales que cambian constantemente. Ha costado pensar en el cerebro como un órgano de relación ya que, durante siglos, se repetía que dentro de la caja craneal produce actos, sensaciones e ideas: «El cerebro segrega pensamiento como el hígado segrega bilis».[1] Teníamos la ilusión de comprender al inspirarnos en los objetos privilegiados de la cultura circundante. Cuando el contexto técnico fabricaba autómatas, se creía que el cerebro funcionaba con poleas; cuando el campo era surcado por canales de riego, se describía la circulación de los fluidos cerebrales; cuando se descubrió la electricidad, las neuronas eran comparadas con cables; cuando aparecieron los ordenadores, el cerebro se representaba como un superordenador. Y cuando la ideología inflamó el siglo XX, se consideró legítimo seccionar el lóbulo prefrontal de los locos, esos seres inferiores.

La crítica que más le dolió a Egas Moniz, el inventor de este «tratamiento», provino del gobierno soviético, que «prohibió la lobotomía porque contradecía la doctrina de Pavlov»,[2] quien

---

1. Cabanis, P. J. G., «Rapports du physique et du moral de l'homme», Imprimerie Crapelet, París, 1802.
2. Palem, R.-M., *De la folie au cerveau. Psychiatrie et neurologie: une histoire de famille*, L'Harmattan, París, 2007, pág. 7.

era apreciado por los comunistas y había ganado el Premio Nobel en 1904.

El cerebro salió de su caja en los años 1950, cuando un primatólogo demostró, en un elegante y cruel experimento, que los pequeños macacos dejaban de desarrollarse en cuanto eran aislados.[3] Los mamíferos necesitan la presencia de otro para llevar a cabo su «programa genético», como fue llamado en aquel momento. Los cerebros sanos de los pequeños enfermaban en cuanto se les privaba de la simple presencia de otro. Sus cerebros aislados sólo regían actos autocentrados, balanceos, giros y autoagresiones. Este experimento suscitó el odio de los defensores de los derechos de los animales, aunque demostró de un modo brillante que todos los mamíferos son seres sensibles, seres de afecto, y no máquinas.

Esta obra, mil veces citada, arrojó luz sobre las observaciones clínicas de los psicoanalistas que, tras la Segunda Guerra Mundial, filmaron y demostraron que los niños sanos privados de madre tenían exactamente los mismos comportamientos que los primates no humanos.[4] Este trabajo clínico puso en tela de juicio el estereotipo de que un niño sano «crece bien», y si crece mal es una prueba de que no está sano. La metáfora vegetal del niño como «buena semilla» facilitaba el razonamiento racista, pero ya los experimentos con animales y las descripciones clínicas sugerían otra actitud epistémica: la estructura del entorno facilita o dificulta el desarrollo de un cerebro sano.

En los años 1970, John Bowlby sentó las bases de esta nueva forma de abordar el psiquismo.[5] Criticada en un principio por

---

3. Harlow, H. F., «Love created, love destroyed, love regained», en R. Chauvin (ed.), *Modèles animaux du comportement humain*, CNRS Éditions, París, 1972, págs. 40-60.

4. Spitz, R., «La perte de la mère par le nourrisson», *Enfance*, 1948, 1-5, págs. 373-39.

5. Bowlby, J., *Attachement et perte*, PUF, París, 1978-1982, 3 volúmenes.

los psicoanalistas y rehabilitada después, en la actualidad es la teoría aceptada por el mayor número de profesionales e investigadores.

Armado de estos datos, traté de explicar, como me habían enseñado mis profesores, los trastornos conductuales y psicológicos de los niños sin familia.[6] La disconformidad vino de quienes seguían pensando que un niño puede crecer sin tener en cuenta el entorno. Para algunos, el niño está sujeto únicamente a los determinantes biológicos, mientras que para otros, el psiquismo se desarrolla por etapas independientemente de cualquier contexto. Cuando llegué a Rumanía con Médicos del Mundo, tras la caída del Muro en 1989, pudimos constatar los enormes daños orgánicos y psíquicos que sufrían los niños privados de madre por el pensamiento criminal de Ceaucescu. El dictador mantenía a niños aislados en enormes habitaciones para que sus madres pudieran trabajar catorce horas al día. Cuando denunciamos los efectos de la espantosa agresión causada por la privación emocional, nos dijeron que estos niños habían sido abandonados porque estaban malformados, mientras que nosotros pensábamos que estaban malformados porque habían sido abandonados.

Nuestra observación clínica fue confirmada más tarde por una excelente publicación científica[7] inspirada en la etología de Harlow, el psicoanálisis de Spitz y la pediatría de Bowlby: efectivamente, las alteraciones cerebrales, conductuales y emocionales de los niños son consecuencia del aislamiento sensorial impuesto por la política. Estamos lejos del pensamiento binario que estudia un cuerpo sin la influencia del entorno y un alma sin amarres materiales o sociales.

---

6. Cyrulnik, B., *Mémoire de singe et paroles d'homme*, Hachette, París, 1983.

7. Nelson, C.; Fox, N. A.; Zeanah, C. H., *Romania's Abandoned Children. Deprivation, Brain Development and the Struggle for Recovery*, Harvard University Press, Cambridge, 2014.

Hoy en día, la neuroimagen fotografía y mide las alteraciones cerebrales, la velocidad a la que se afianzan, cómo pueden desaparecer o reaparecer en función de las transacciones con el entorno. Un entorno defectuoso puede provocar fallos en el cerebro, pero al reparar el entorno podemos reiniciar la construcción cerebral. «Aprender música hace que el córtex se engrose en las regiones que controlan los dedos y el oído de un pianista»,[8] es decir, que la educación modifica la organización de los circuitos cerebrales, y que la no educación no circuita el cerebro. Cuando un niño no aprende a tocar el piano, la zona de los dedos permanece delgada. Lo que modifica el grosor de esta zona del cerebro no se encuentra en él. El punto de partida de este determinismo es el deseo de los padres, luego la formación aportada por el profesor de piano antes de conseguir la aceptación del niño. El efecto de estas causas externas se mide en el grosor de la corteza temporal izquierda. Sin embargo, si hago que mi perro asista a una clase de piano, puedo apostar a que el área cerebral que se ampliará será la del afecto o la del olfato y no la que dirige sus patas. Los circuitos se modificarán mediante una estimulación externa que actuará sobre el cerebro olfativo de un perro y sobre la zona temporal izquierda de un niño. El resultado depende de la transacción entre la genética y la estructura cultural del entorno. Los que siguen intentando determinar la parte innata o adquirida de un comportamiento tendrán dificultades con esta frase, que afirma que el ámbito de la genética y el de la cultura, aunque sean de naturaleza totalmente diferente, son estrechamente interdependientes.

Desde hace cuarenta años se sabe que el cerebro es esculpido por su entorno. En 1981, David Hubel y Torsten Wiesel recibieron el Premio Nobel de Medicina por demostrar que la

---

8. Claeys, A.; Vialatte, J.-S., «L'Impact et les Enjeux de nouvelles technologies d'ex-ploration et de thérapie du cerveau, informe», Assemblée nationale/Sénat, París, 2012, págs. 104-106.

colocación de una persiana sobre el ojo izquierdo de un gatito provoca la atrofia del lóbulo occipital derecho, porque la base neurológica de la visión deja de ser estimulada. A la inversa, una ceguera en el ojo derecho provoca una atrofia occipital izquierda.[9] Este descubrimiento, a pesar del Nobel, no entró en la cultura porque en aquella época la opinión seguía creyendo que el cerebro de un gatito no puede explicar nada de un cerebro humano.

Desde el auge de la neuroimagen, ha quedado claro que un fallo del entorno conduce a un fallo en el desarrollo del cerebro. En un contexto empobrecido, el cerebro de un bebé mal estimulado se adapta a esta carencia mediante una disfunción. Cuando la madre ha muerto y cuando la cultura no ha proporcionado un sustituto afectivo, el circuito límbico de las emociones y de la memoria del niño, no estimulado, se atrofia, provocando así trastornos de comportamiento. Cuando los lóbulos prefrontales dejan de ser excitados mediante el juego y las expectativas de afecto, dejan de inhibir la amígdala rinencefálica, base neurológica de las emociones insoportables de desesperación o rabia, que se hipertrofia,[10] provocando grandes dificultades en las relaciones. Estos niños, debido a la falta de estimulación emocional, no han podido adquirir el control de sus emociones. Por fuerza estallan ante el menor comentario.

El desarrollo morfológico, la escultura cerebral y la expresión emocional de los seres humanos y los animales son el resultado de incesantes transacciones entre el desarrollo de un organismo y las presiones ecológicas. En los humanos, hay que añadir la

---

9. Hubel, D., *Eye, Brain, and Vision*, Scientific American Library, Nueva York, 1988.

10. Cohen, D., «The developmental being: modelling a probabilistic approach to child development and psychopathology», en M. E. Garralda, J.-P. Raynaud (eds.), *Brain, Mind and Developmental Psychopathology in Childhood*, Jason Bronson, Nueva York, 2012, págs. 3-29.

ecología verbal, un conjunto de narraciones familiares y culturales que estructuran un entorno invisible y desencadenan sentimientos intensos.

Geografía de los sentimientos

El clima no es la capa más lejana de un organismo, ya que el calor, el frío y la luz penetran en el cuerpo y modifican los metabolismos. Al igual que los tibetanos adaptan su vestimenta, sus comportamientos, sus herramientas y la construcción de sus moradas al clima circundante en las laderas del Monte Everest, los pingüinos emperador de Tierra Adelia modifican su comportamiento de caza y la protección de sus crías en función de la temperatura ambiente.[1] Sus cuerpos tienen una especie de termostato que les permite mantener una temperatura interna de 38 °C, mientras el entorno cambia de -60 °C a +10 °C. Nadan en el agua a 0 °C, y el macho y la hembra se turnan para cazar y alimentar a sus crías. Cuando sopla la ventisca, se agrupan y se turnan para desplazarse desde el centro de la comunidad, donde se mantienen calientes, hasta la periferia, donde no pueden soportar el frío durante mucho tiempo. Su comportamiento sexual también se adapta a la temperatura, lo que modifica su estructura de grupo. En los inviernos, cuando la temperatura es «más cálida» (-10 a +5 °C), la capa de hielo se rompe y, sobre un islote de hielo flotante, los pingüinos forman parejas «fieles». En los inviernos fríos (-60 a -10 °C), cuando el hielo alcanza grandes extensiones, los pingüinos se convierten en emperadores inconstantes porque tienen muchas hembras a su disposición. De su se-

---

1. Jouventin, M., «Incubation and itinerant breeding in emperor penguins of Pointe-Géologie (Terre Adélie)», *Revue du comportement animal*, 5, 1971, págs. 189-206.

xualidad desenfrenada resulta un beneficio adaptativo: cuando los actos sexuales son numerosos, la probabilidad de reproducción aumenta. Pero cuando las temperaturas suaves rompen la capa de hielo y hacen que las parejas se vuelvan fieles, la especie se torna vulnerable. El calentamiento global podría provocar la desaparición del 80% de los pingüinos en 2100.

Los pequeños roedores de América del Norte plantean un problema estimulante para la condición humana. Cuando los topillos viven en las praderas de Canadá, forman parejas estables, permanecen juntos y cuidan bien de las crías. Cuando los mismos topillos viven en las montañas del norte de América, se vuelven huidizos, sin apego, y entonces los machos no se ocupan de las crías. Los animales adultos adaptan sus comportamientos de emparejamiento a la geografía. Los biólogos han descubierto que en las llanuras, donde los topillos están muy unidos, segregan mucha oxitocina, mientras que en las laderas, donde las parejas son inestables, segregan menos.[2] La oxitocina se une fácilmente a las neuronas del sistema límbico, la base de las emociones, lo que explica la facilidad con que se desencadena el comportamiento maternal. Pero en la montaña, la necesidad de enfrentarse constantemente a los problemas de las pendientes pronunciadas, el frío, la escasez de comida y de refugio, aumenta la secreción de sustancias de estrés que compiten con la hormona del apego en los receptores límbicos. Los pingüinos emperador tienen el mismo equipamiento genético que sus congéneres y el mismo cerebro, y sin embargo sus comportamientos de apego son diferentes en los campos de hielo y en los islotes. Los topillos son estrictamente iguales en la llanura y en la montaña, y sin embargo muestran comportamientos de emparejamiento o de crianza diferentes según la estructura geográfica en

---

2. Carter, L. S.; de Vries, A. C.; Getz, L. L., «Physiological substrates of mammalian monogamy: The prairie vole model», *Neurosciences and Behavioral Reviews*, 19 (2), 1995, págs. 303-314.

la que viven. La presión que ha orientado el desarrollo de sus comportamientos sexuales y parentales en direcciones distintas no es la composición genética, no es el cerebro, sino la secreción de neurohormonas de alerta o apego que difieren en función de la estructura geográfica.

Cuando un topillo vive en la montaña en un entorno inhóspito, los circuitos neurológicos del miedo suelen estar más estimulados. La información del entorno circula hacia la amígdala, que induce la secreción de hormonas del estrés que saturan los receptores límbicos. La oxitocina, segregada en menor cantidad, tendrá menos efecto, y los padres, constantemente alerta, se apegan menos a las crías. Los adultos irritables, centrados en sí mismos para defenderse, están menos atentos a los vínculos sociales. Responden a estímulos sexuales inmediatos que no desencadenan vínculos duraderos, y los topillos de montaña se vuelven «polígamos».

Las reacciones en cadena son distintas en función de los sexos. En los machos, el circuito de alerta (haz ventral del pallidum) se activa con facilidad. Al menor estímulo, el animal adopta una posición de combate o de huida. Mientras que las hembras, que segregan más oxitocina, activan más fácilmente los circuitos de apego y placer.[3]

En los humanos, los circuitos neurológicos que dirigen las informaciones a la amígdala (ira) o al núcleo accumbens (placer) son los mismos que en todos los mamíferos. Las neurohormonas (oxitocina y vasopresina) que sensibilizan los circuitos cerebrales también están influidas por la estructura física del medio. Pero en los humanos, el mundo de las palabras, al provocar sentimientos intensos de amor u odio, altera aún más el funcionamiento de este sistema neurohormonal.[4]

---

3. Carter, C. S., «Oxytocin and sexual behavior», *Neuroscience and Biobehavioral Reviews*, 1992, 16 (2), págs. 131-144.

4. Cyrulnik, B., «Prefacio» en P. Faur (ed.), *Psiconeurobiología de la resiliencia*, Barcelona, Gedisa, 2019, pág. 15.

Desde hace algunos años, el cerebro se ha convertido en órgano de las relaciones, incluso se habla de un cerebro social. Es esculpido por la ecología física (clima, geografía), por la ecología emocional (combate, apego) y en los seres humanos por la ecología verbal: cuando las narraciones crean un mundo de representaciones no contextuales, imposibles de percibir, desencadenan emociones intensas. Presiones ambientales de distinto tipo convergen y se combinan para modificar las secreciones, hasta el punto de que basta con compartir una creencia para sincronizar el funcionamiento de los cerebros.[5] Rezar, cantar, maravillarse o indignarse ante una representación filosófica, teatral o política crea un fuerte sentimiento de comunión. Compartir una emoción provocada por el espectáculo de un acontecimiento o por una historia crea un sentimiento seguro de pertenencia. Si vemos juntos el mismo fenómeno, si recitamos la misma creencia, sentimos que habitamos el mismo mundo y pertenecemos a la misma familia.

Un fondo genético puede tomar distintas direcciones en función de la estructura de sus nichos ecológicos cercanos, medios y lejanos. Este *pool* es aportado por una pareja sexual cuya reunión está prescrita por presiones biológicas contextuales, por relaciones medianas grupales y, en los humanos, por reglas familiares y narrativas culturales.[6]

Ahora se sabe que el determinante XX o XY puede tomar mil direcciones diferentes según la estructura del entorno, pero resulta que no todos los seres sexuales son XX o XY. Los pájaros macho son ZZ y las hembras ZW, al igual que las mariposas, las gambas y los lagartos de Komodo. Los machos y las hembras tienen el mismo sistema nervioso, y dos morfologías a veces

---

5. Keysers, C.; Gazzola, V., «Toward a unifying neural theory of social cognition», *Progress in Brain Research*, 156, 2006, págs. 379-401.

6. Susanne, C.; Rebato, E.; Chiarelli, B. (eds.), *Anthropologie biologique. Évolution et biologie humaine*, De Boeck, Bruselas, 2003, pág. 15.

muy diferentes. Para el cortejo, el apareamiento y la protección de las crías será precisa la coordinación de estos cuerpos sexuado. La atracción hacia el sexo del otro se rige por la doble restricción de los impulsos hormonales internos y las presiones externas. La duración del apareamiento depende en gran medida de los determinismos genéticos (tres segundos en los chimpancés, sesenta segundos en los gorilas, cuatrocientos cinco segundos en los humanos). La duración de la pareja se negocia en función de las limitaciones externas del clima, como hemos aprendido de los pingüinos y los topillos, y en los humanos de las presiones de desarrollo y culturales.

La iniciativa del cortejo proviene del primero en sentirse motivado. En el ánade real, es el macho el que lo hace. Cuando el aumento de la luz diurna y de la temperatura estimula su diencéfalo (cúpula situada en la base del cerebro que recoge el flujo neurohormonal), las gónadas se vuelven enormes; el macho, entonces, no puede evitar orientarse hacia una hembra que pase por allí. Para cortejarla, le pellizca el cuello, lo que en los patos es una estimulación sexual. En otras especies, es la hembra la que lleva la iniciativa y desfila delante del macho para darle ideas. Cualquiera que sea la combinación de genes + entorno, el resultado es la atracción por el otro sexo y el apareamiento. El escenario conductual puede verse deteriorado por un déficit interno (enfermedad genética o circunstancial), así como por una alteración externa (carencia educativa, aislamiento precoz) en cualquiera de los dos miembros de la pareja.

El hacinamiento es un estrés para las tupayas. En ese entorno, en el que los empujones constantes suponen una agresión, las hembras crecen lentamente, su pubertad se retrasa y son incapaces de producir leche. Su glándula esternal seca ya no segrega suficiente sustancia olfativa para marcar a las crías con el olor de la madre. Los identifican como extraños, los matan y se los comen. Cuanto más estresadas están las hembras, más se masculinizan, se vuelven emprendedoras o brutales y persiguen a otras hembras en un pseudocortejo.⁷ Si crees que el instinto es un programa innato que funciona inexorablemente en cualquier entorno, las hembras de tupaya no estarán de acuerdo. Pero si crees que el instinto es un impulso biológico regido y dirigido por el entorno, sí lo estarán.

---

7. Eibl-Eibesfeldt, I., *Éthologie. Biologie du comportement*, Naturalia et Biologica, París, Éditions scientifiques, 1972, pág. 356.

Guerras y propiedad

Los seres humanos conocemos el determinismo genético que nos promete convertirnos en hombres o mujeres. Como todos los demás seres vivos, estamos sujetos a las presiones del entorno alimenticio, el clima y el estrés provocado por la presencia de los demás. Y también estamos sujetos a las presiones del nicho verbal que gobierna nuestros sentimientos, exaltándolos o prohibiéndolos, creando un nuevo mundo que habitamos con todas nuestras fuerzas.

El objetivo de estos determinismos asociados es hacer entrar un espermatozoide en un óvulo, para que la vida se perpetúe. Por supuesto, cuando se le pregunta a una dama: «¿Cuáles son sus orígenes?», ella nunca responde, «Vengo de un espermatozoide». Un nombre nunca se representa a sí mismo como habiendo sido un óvulo en su pasado. Habitamos el mundo de las historias que inventamos, preferimos contar una leyenda sobre nuestro origen, es más digno que un espermatozoide o un óvulo. Hace 200.000 años inventamos el lenguaje humano, cifra metafórica para el establecimiento del lenguaje articulado y la doble articulación. Pero los inicios son anteriores, no podíamos sospechar que en nuestro origen hubiera dos células, una masculina y otra femenina.

Los relatos indios cuentan una historia de género en la que las mujeres, refinadas, delicadas y expertas en costura, vivían solas. Los hombres, rústicos, peludos y mal peinados, cazaban y trabajaban en su vida cotidiana. Un día, un hombre, camuflado, siguió a una mujer y descubrió el valle donde ellas vivían. Deslumbrado, le pidió que se casara con él y éste fue el origen de la familia india. En Occidente, el relato de los orígenes depende de la época del narrador. Dado que las sociedades se construyeron sobre la base de la violencia, era necesario dar una forma verbal a esta forma de vivir juntos. Se decía que los hombres eran musculosos cazadores y hábiles artesanos que se atrevían a enfrentarse a los tigres de dientes de sable. De modo que las mujeres dijeron: «De acuerdo, seré tu sierva y tú serás mi protector». El relato daba una forma verbal coherente a la forma de vida en la era industrial. Los hombres iban a la guerra, bajaban a las minas, luchaban entre ellos y entregaban lo que ganaban a sus amas de casa, que cocinaban y cuidaban de los niños. Así de sencillo. Este contrato sexual duró hasta los años 1970.

El relato de los orígenes nos permite anticipar el pasado dándole una forma que habla al presente. Es difícil encontrar archivos que nos digan cómo vivían el Sr. y la Sra. Sapiens en familia. El triángulo edípico (papá, mamá y yo) fue puesto de relieve por el psicoanálisis en la época de la expansión industrial y comercial del mundo occidental moderno.

Cuando éramos cazadores-recolectores, ¿era necesario hacer la guerra? Para alimentarse, bastaba con caminar en fila india y recoger las hojas y los frutos. Esta visión del paraíso perdido se opone a la representación de los fundamentos violentos de las sociedades humanas.[1] ¿Son los cráneos prehistóricos destrozados el resultado de un accidente o de un asesinato? Freud afirmó que «no somos más que una banda de asesinos. [...] Si nos entregáramos a nuestros deseos y anhelos, la humanidad habría perecido hace tiempo»,[2] el mandamiento «No matarás» no tendría objeto.[3]

---

1. Girard, R., *La Violence et le Sacré*, Grasset & Fasquelle, París, 1972.

2. Freud, S., *Essais de psychanalyse* (Considérations actuelles sur la guerre et sur la mort, Au-delà du principe de plaisir, Psychologie des foules, Le moi et le ça), Payot, París, 1951, págs. 219-250.

3. Freud, S., *Le malaise dans la civilisation*, PUF, París, 1971, págs. 330-331.

¿Era necesario formar una familia? Nuestros antepasados lejanos vivían en inmensos territorios apenas poblados. La muerte no provenía de los hombres, sino de la naturaleza. La mortalidad infantil era aterradora, según el clima y el nivel social. En la época de los cazadores-recolectores, los hombres tenían pocas oportunidades de ser violentos entre sí: «La violencia colectiva parece surgir con la sedentarización».[4] ¿Podemos decir que la posesión de un territorio, de un refugio, de un hogar doméstico implicaba el dominio de un hombre fuerte? ¿Podemos suponer que antes del Neolítico bastaba con un grupo de hombres y mujeres desplazándose juntos para formar un clan? En forma de vida como ésta, es posible imaginar que había muchos apareamientos pero no se formaban parejas duraderas. No era necesario, porque cuando llegaba un niño al mundo estaba rodeado por un grupo de 30 a 50 personas. Cuando comenzó el Neolítico, hace 10.000 años, el grupo creció y se organizó en torno a la posesión de tierras y refugios. En este nuevo entorno, se sabía quién era la madre, y para disminuir la carga de la crianza, era necesario designar a un hombre, el probable amante, para invitarlo a asumir su parte de responsabilidad. Este hombre fue llamado «padre» y el matrimonio fue la ley que lo comprometía.[5] Tal declaración es una ficción jurídica que define quién tiene derecho a convivir, a asociarse, a ayudarse y a tejer los afectos y las prohibiciones que rodearán a los pequeños.[6] En cuanto se inventó el matrimonio, los jóvenes candidatos se vieron obligados a solicitar a la sociedad el derecho a mantener relaciones sexuales y a comprometerse a cuidar de los hijos que nacerían de ellos. Esto está muy lejos del clan amistoso en el que las per-

---

4. Patou-Mathis, M., *Préhistoire de la violence et de la guerre*, Odile Jacob, París, 2013, pág. 31.

5. Coontz, S., *Marriage, a History: How Love Conquered Marriage*, Penguin Books, Londres, 2006, pág. 37.

6. Godelier, M., *Métamorphoses de la parenté*, Fayard, París, 2004.

sonas se aparean a su antojo y protegen a los hijos del grupo. Es la sociedad, con sus conocimientos, pero también con sus creencias y prejuicios, la que ahora rige el impulso sexual. Los que escapan de la ley se convierten en transgresores. Sus hijos serán llamados «bastardos» y considerados fuera de la sociedad, como los hijos nacidos del incesto.

Un mundo de palabras creó una institución adaptada a una población sedentaria que sitúa la posesión, la tierra, el hogar, la ayuda mutua y las relaciones de poder en la cima de sus valores morales. Los habitantes de este mundo, al someterse a la declaración de la ley que rige la orientación de sus deseos, podrán beneficiarse de la ayuda de los padres y de la protección social. Los otros, considerados transgresores, provocarán una indignación virtuosa.

El amor es una revolución, el apego es un vínculo

El sentimiento amoroso no conoce leyes. Con su maravillosa intensidad, relativiza el impacto de la mirada social. La autorización del sacerdote o de los padres se desvanece ante la pasión. El enunciado de la ley que rige el deseo apenas se percibe. El amante ya no escucha el «puedes casarte con aquélla, pero no con aquélla», o el «puedes besarla así, en tal lugar, en tal momento» que la sociedad define. El enamorado proclama: «Es ésta y no otra, vosotros no tenéis nada que decidir». Al someterse a la amada y no a la sociedad, el amor pone en peligro al grupo, que pierde su poder legal y moral. El amor es un momento de éxtasis sobre el que se hacen poemas, canciones y tragedias maravillosas en las que los amantes se matan para morir juntos, como Romeo y Julieta. Aceptan ser castrados como Abelardo, el fogoso sacerdote amante de la volcánica Eloísa. Prefieren el exilio para permanecer juntos, porque ya no habitan las mismas creencias que sus padres y la sociedad.

A menudo sucede que un acontecimiento cultural o un descubrimiento técnico abren un período sensible, un cambio antropológico que trastorna la jerarquía de los valores morales. Cuando dos aristócratas enfrentados deciden hacer la paz, casan a sus hijos, lo que constituye un contrato social. La Revolución francesa, en 1789, ya había concedido la libre elección a los jóvenes que querían casarse sin contar con la Iglesia. Napoleón, en guerra con el emperador de Austria, se casó con su hija María Luisa para firmar la paz en 1810. Pero lo que más modificó el poder estructurante del matrimonio fue la cultura industrial del siglo XIX. Alrededor de sus enormes fábricas, los patrones construyeron urbanizaciones para los trabajadores, a veces muy bellas, como las de Gaudí cerca de Barcelona, a veces más sencillas, como en el norte de Francia, para proporcionar una vivienda digna a los trabajadores y mantenerlos a disposición del patrón. Sin embargo, uno de cada tres trabajadores era una mujer, que vivía sola, se ganaba la vida y, por tanto, podía decidir con quién quería tener relaciones sexuales. La ley del padre como portavoz del estado en la familia, la ley del sacerdote como portavoz de la Iglesia, se alejaban como aspectos de una cultura burguesa. La expansión del mercado y la economía de la industria acaban de dar la palabra al matrimonio por amor.[1]

La palabra «familia» designa un espacio donde la sexualidad es lícita, donde se forja un vínculo de apego entre los habitantes, donde la afectividad más íntima se impregna en la memoria de los miembros de la pareja que, con sus gestos y sus palabras, bordean la mayor de las prohibiciones: el incesto. En este nicho ecológico, biológico, afectivo y verbal, los niños tendrán que desarrollarse. Este nido, necesario para la supervivencia, adopta formas sorprendentemente distintas en función de las presiones del entorno climático, técnico y narrativo. Entonces los niños tendrán una sola idea: desarrollarse bien en este nido para conseguir abandonarlo.

A lo largo de la historia, esta estructura ha cambiado constantemente en función de los acontecimientos del contexto. En los animales, este nicho en el que el organismo se desarrolla recibiendo las huellas del entorno se modifica, adaptándose a las variaciones ecológicas. Los seres humanos son conscientes de esta presión física, a la que se añade las presiones históricas.

---

1. Coontz, S., *Marriage, a History*, Penguin Books, Londres, 2006, págs. 173 y 149-154.

Las herramientas que inventan y las historias en las que creen también tienen una fuerza formadora.

En su origen, la palabra *famulus* se refería a un pequeño grupo en el que cada uno servía al otro.[2] En Roma, todos los habitantes de una casa constituían una familia gobernada por un jefe. Este hombre decidía el destino de los hijos que había engendrado y que a veces reconocía. También elegía a los esclavos que vivían en la casa y los adoptaba cuando se establecía un vínculo afectivo con ellos. Esta concepción de la familia, que asocia parentesco, filiación y residencia, incluye el espacio (el techo) y la fertilidad. La estructura de la vivienda familiar dependía en gran medida de los avances técnicos de la arquitectura y de los relatos que establecían una jerarquía de valores morales. En el siglo XIX, los niños crecían en viviendas habitadas por personas de todas las edades, coordinadas por el trabajo agrícola (la granja), la función obrera (el apartamento) o la filiación aristocrática (el castillo).

Los hombres ocupaban un espacio alejado en los campos, en las minas o en las fábricas, a las que las mujeres empezaban a acudir. Ellas ocupaban un espacio más cercano a la casa, cuidaban del corral, supervisaban a los niños y servían a los hombres en la mesa. Después de cada guerra, se advertía un cambio en esta distribución espacial y en los roles domésticos. Después de 1918, muchos jóvenes en edad de trabajar murieron en las trincheras. Muchos de ellos volvieron a casa mutilados, gaseados o con trastornos mentales que aún no se conocían como «traumas». Las mujeres, mientras tanto, habían ocupado su lugar en los campos, fábricas e instituciones. Así descubrieron su capacidad para trabajar fuera de casa y para socializarse. En la retaguardia, a veces se ignoraba el increíble horror de las trincheras,

---

2. Rey, A., *Dictionnaire de la langue française*, Le Robert, París, 2012, págs. 1314-1315.

que los hombres evitaban relatar en sus cartas de amor. Cuando los supervivientes regresaron, alterados, les resultó difícil volver a conectar con las mujeres fuertes que a veces habían tomado un amante.[3] Ya no podían soportar a sus debilitados maridos, con quienes era difícil convivir. El período de posguerra fue seguido por una explosión de divorcios.[4] A la valentía de las mujeres en 1914 le siguió la «catástrofe sentimental» de 1918.

El Frente Popular (1936), al inventar las vacaciones pagadas, llevó a cabo un verdadero experimento en el que los roles domésticos cambiaban durante el período de vacaciones. Las familias convivían entre ellas, reunidas bajo una tienda de campaña o en una vivienda alquilada, y la única preocupación era la organización de actividades de ocio. Enseguida, los comportamientos cambiaron. Las mujeres descubrieron el atrevimiento de mostrar sus cuerpos en traje de baño. Los hombres hacían piruetas en la arena, iban al mercado, lavaban los platos, instalaban a los abuelos bajo las sombrillas y ya no se hacían servir por las mujeres en la mesa. Los roles domésticos no necesitaron leyes ni debates culturales para desexualizarse. Simplemente, ocurrió, como resultado del cambio en el entorno y las condiciones de vida que modificaron los comportamientos domésticos. Al final del permiso vacacional, en cuanto las mujeres volvían a sus casas y fábricas, la sexualización de los roles volvía a imponerse.

El mismo fenómeno se repitió durante la Segunda Guerra Mundial. Los hombres desaparecieron durante varios años, algunos de ellos siete años (tres años de servicio militar, un año de guerra y algunos años en campos de prisioneros). Cuando volvieron a Francia en 1945, no habían aprendido nada más que a luchar en la guerra y a matar el tiempo. En este contexto so-

---

3. Radiguet, R., *Le Diable au corps*, Grasset, París, 1923.
4. Becker, J.-J. *et al.* (eds.), *Guerre et cultures 1914-1918*, Armand Colin, París, 1994.

cial, las mujeres descubrieron que podían dirigir el hogar y la sociedad.

Durante la guerra de Argelia, los estudiantes se ausentaban durante treinta meses (tres cursos escolares) y, a su regreso, reanudaban sus estudios en el primer curso, mientras que sus vecinos universitarios, jóvenes licenciados, ocupaban puestos de responsabilidad. Las variaciones en los antecedentes condujeron a variaciones en las estructuras familiares y los roles sociales.

Hoy en día, en Francia, el paisaje familiar es el resultado de un proceso técnico y cultural que tuvo lugar después de Mayo del 68. El matrimonio ha cambiado su significado. Ya no da permiso para tener relaciones sexuales. Se convierte en una ocasión para que los amigos se reúnan y celebren con la pareja. En los años 1950, todas mis amigas de la infancia estaban casadas a los 20 años y habían tenido uno o dos hijos. Las oía decir, con 16 años: «Estoy deseando casarme para no tener que ir a la fábrica». Hoy en día, sólo los sacerdotes y los homosexuales reivindican el matrimonio, que, para ellos, adquiere el significado de un reconocimiento social. Los heterosexuales prefieren la pareja de hecho o un simple acuerdo entre adultos. La pareja no tiene que rendir cuentas a los padres, a la Iglesia o al Estado. Ya no pedimos permiso a la sociedad para tener relaciones sexuales, así que ¿por qué deberíamos pedir permiso a un juez para dejar de tenerlas? Además, nos separamos cuando el amor se desvanece, eso es todo. Hace unas décadas, la boda era «el día más feliz de mi vida» y el divorcio una vergüenza. Hoy en día, dos personas deciden vivir juntas porque se llevan bien y luego deciden no vivir juntas cuando no se llevan bien. Antes de los años 1970, las mujeres se conformaban con dar un hijo a sus maridos; hoy buscan un padre para su hijo, ya que el 60% de los nacimientos se producen fuera del matrimonio.

El embarazo y el parto ya no tienen la misma carga emocional. Antes de 1970, las mujeres aceptaban dar a luz con dolor (*in dolore paries*), para cumplir una misión sagrada. En el siglo XXI, es más probable que cuando dan a luz lo vean como un logro personal: «Vale la pena tener un cuerpo de mujer». Gracias a la tecnología, tienen más control sobre las dificultades del parto y sienten menos miedo a perder a su bebé: en 1900, el 15% de los bebés morían en los primeros meses, frente al 1-3‰ de 2020. En mis primeros días en la facultad de medicina, en los años 1950, oí decir muchas veces: «Señor, elija usted: ¿la madre o el niño?», lo que anunciaba la inevitable muerte de uno de los dos.

Estos testimonios y cifras ilustran una sola idea: cualquier invención técnica que modifique las condiciones materiales de la vida cambian el significado que atribuimos a los acontecimientos. Ya no se trae al mundo a un niño, preferiblemente varón, para que vaya a la guerra, ayude a sus padres en el campo o baje a la mina; en cambio, se satisface el deseo de tener un hijo como una aventura emocional y una forma de dar sentido a la vida. Como las mujeres controlan bastante bien la fertilidad, ya no se sienten abrumadas por los embarazos ni se desesperan por la muerte de sus bebés. Quieren dar a luz a 1,7 niños, y como viven hasta casi los 100 años, quieren pasar los 98 años restantes en la autorrealización y el disfrute de la vida. Esto está muy lejos del valle de lágrimas que antes caracterizaba a su breve estancia sobre la Tierra.

El significado que atribuimos al hecho cambia la forma en que lo experimentamos. Ser encarcelado por la sociedad por robar una barra de pan es una opresión intolerable que convierte cada minuto en una tortura y siembra el odio en el alma. Encerrarse uno mismo en un espacio equivalente para escribir una novela o para estar en compañía de Dios da a este aislamiento una sensación de felicidad.

Las mujeres ya no están consagradas, reducidas a la maternidad. La «píldora» es un arma que les da esta libertad. Los efectos secundarios rara vez son graves, los accidentes vasculares no superan el 0,1%. Lo que molesta a estas jóvenes es la agradable languidez provocada por la progesterona, la hormona que hace posible la maternidad. Esta sustancia, al bloquear la ovulación, produce al mismo tiempo una emoción de serenidad que disminuye la combatividad necesaria para la aventura social. Las mujeres ya no son lo que eran, la tecnología hormonal les hace dueñas de su propio destino. La jerarquía de sus valores morales ha cambiado. Ya no quieren verse reducidas a la función de portadoras de hijos, anexo de un marido dado por la sociedad. Quieren convertirse en protagonistas de su condición humana.

Durante milenios, los mitos han organizado las familias y las sociedades. Se decía: «Un niño sólo tiene una madre y un padre». Las comparaciones interculturales nos hacen comprender que un niño puede tener varios padres: el que puso el esperma y otro que puede adquirir un efecto paternal al ocuparse de ese niño y vincularse con él. Nuestra cultura puede disponer varias madres en torno al niño: la que lo llevó en su vientre y la que se apega a él y lo cría, como en la situación de la adopción o la maternidad subrogada. Ahora consideramos que otras imágenes maternas secundarias gravitan alrededor de la imagen materna primordial en la guardería o en la escuela infantil. La madre es en realidad una constelación de mujeres: una, primordial, se impregna en la memoria biológica del niño, y otras también se impregnan en el alma del niño después de la primera figura, aunque menos profundamente.[5]

Curiosamente, los descubrimientos técnicos y la evolución de los principios educativos reproducen los mitos de las llamadas sociedades primitivas. Entre los baruyas, los agricultores-cazadores de Nueva Guinea, todos los hombres del lado pater-

---

5. Bowlby, J., *Attachement et perte, t. I: L'Attachement*, PUF, París, 1978, págs. 286-303.

no se consideran padres del niño. Las mujeres del lado materno son todas ellas sus madres.[6] Esta estructura de parentesco hace que el niño sea una carga menos pesada, ya que muchos adultos se unen y se turnan en torno a él. «El modo en que una familia se forma y funciona es el resultado de su historia y cultura».[7]

Así, la tecnología no está radicalmente separada de los mitos. Ambas lenguas cuentan cómo hay que formar una familia. En muchas culturas, las familias extensas reúnen bajo un mismo techo a los abuelos, los padres jóvenes, los cónyuges y todos los hijos engendrados por estas parejas como todavía ocurre en la India, en África y en Sudamérica. En algunas culturas, es moral pedir a un hombre que se case con varias mujeres («La pequeña Aisha está sola a los 15 años, deberías casarte con ella para integrarla en nuestro hogar»). Es algo que cada vez ocurre menos en el mundo árabe, pero sigue existiendo en el Asia musulmana y en Melanesia. En estas familias polimaternas, los hijos pueden saber que no han nacido de la misma madre, pero se consideran hermanos, se vinculan, discuten entre ellos y se prohíben mutuamente el incesto. La tecnología que estructura a las familias se combina con los mitos para dar a esta forma de convivencia la forma de un relato.

Hace 110.000 años, en el espacio de unos pocos años, se produjo una brutal glaciación.[8] Cuando las plantas desaparecieron, la supervivencia sólo fue posible gracias al valor físico y la fuerza de unos pocos hombres que se atrevieron a matar a los grandes animales para comerlos. La invención de armas y herramientas encomendada a aquellos hombres en tal contexto

---

6. Godelier, M., *La Production des Grands Hommes*, Fayard, París, 1984, pág. 345.

7. Deliège, R., *Les Intouchables en Inde. Des castes d'exclus*, Imago, París, 1995.

8. Michel, F., *Roches et paysages. Reflets de l'histoire de la Terre*, Belin, París, 2005.

ecológico atribuía un valor moral a la violencia viril: «Matan para que nosotros vivamos». Los progresos técnicos, al mejorar las armas, crearon una casta, un grupo de hombres que tomaron el poder a través de su inteligencia, su fuerza física, su brutalidad y los manejos que todavía reciben el nombre de arte de la política.[9] La violencia masculina ha perdido su valor de supervivencia. En un país en paz, es sólo la destrucción de la familia, de las mujeres y de los niños. Pero en un país en guerra, esta violencia tiene un valor adaptativo. A los niños se les anima a ser violentos, se les heroíza, y las niñas, cada vez más belicosas, ocupan su lugar en los ejércitos.

En esta nueva ecología, la pareja ya no está obligada a la solidaridad. Cuando yo vine al mundo, antes de la Segunda Guerra Mundial, no había fondos de pensiones ni seguridad social. La única solidaridad provenía de la pareja, que firmaba al mismo tiempo un contrato matrimonial y un contrato social. Hoy, la realización de la mujer, las condiciones de trabajo y los estilos educativos invitan a las parejas a firmar un contrato afectivo que dura lo que dura el afecto. Una mujer puede vivir sin un hombre, y a medida que los oficios se desexualizan, un hombre puede aprender a vivir sin una mujer: triste libertad. La complementariedad de las parejas: «Yo hago lo que tú no puedes hacer, te doy lo que tú no tienes», el contrato de pareja que firmaban nuestros abuelos es sustituido ahora por la rivalidad mimética:[10] «Yo hago más que tú... Yo gano menos...». En esta nueva forma de funcionar, sabemos para qué sirve un cuerpo de mujer: atrae a los hombres, trae niños al mundo y, más recientemente, ha participado en la aventura social. Pero el cuerpo de un hombre, ¿para qué sirve hoy el cuerpo de un hombre?

---

9. Marchand, P. (ed.), *L'Aube des civilisations*, Gallimard/Larousse, París, 1991.

10. Girard, R., *La Violence et le Sacré*, Grasset & Fasquelle, París, 1972.

Sobrevivir no es realizarse

El 95% de todos los animales que habitaban la Tierra hace 300 o 400 millones de años han sido eliminados. De la decena de seres humanos prehistóricos que aparecieron hace un millón de años con el señor Erectus, sólo el cromañón, nacido hace 40.000 años, sigue vivo. El señor Erectus medía 2 metros y moría a los 35 años, su cerebro era mayor que el de los seres humanos actuales, pero lo que permitió a la pareja de cromañones poblar la Tierra fue su ingenio para inventar herramientas y manipular armas. La violencia de los hombres asociada a la fecundidad de las mujeres aseguró la supervivencia y la expansión en el planeta. Hoy en día, la violencia que nos salvó se ha convertido en una maldición, y la fertilidad se reduce al mínimo. Desde hace tres generaciones, vivimos más o menos en paz en Francia. Las mujeres ya no mueren en el parto ni los hombres en la batalla. ¿Es por esto que la aventura humana ya no necesita ser sexuada?

Desde que la Convención, en 1792, consideró que el matrimonio era un contrato entre dos personas, el poder paterno ha sido menos destacado y la mayoría de las mujeres se atreven a pedir el divorcio.[1] Sueñan con casarse y luego quieren separarse cuando descubren lo difícil que es vivir con un hombre que ha sido educado o formateado para la violencia. Cuanto más se desarrolla la personalidad de las mujeres en las sociedades civilizadas, más se devalúa la fuerza masculina.

---

1. Rauch, A., *Le Premier Sexe. Mutations et crise de l'identité masculine*, Hachette, París, 2000, págs. 85-87.

Las máquinas participan en este proceso de desvirilización, porque son más poderosas que los músculos de los hombres y la fuerza civilizadora se encuentra ahora en la palabra y el arte de la relación, no tanto en el acto que silenciaba a los dominados. La diferencia entre los sexos está perdiendo su interés. Sigue siendo útil para el erotismo heterosexual y para la fabricación de niños, pero también en este terreno las máquinas empiezan a ser competitivas. Las muñecas hinchables proporcionan a algunos hombres una ilusión de ternura y una liberación de la afectividad, ya que con una muñeca no tienen que hacer los esfuerzos relacionales necesarios con una mujer. Los consoladores eléctricos dan a las mujeres más placer físico del que puede dar un hombre, pero como no van a los restaurantes con un consolador, lo hacen acompañadas de un amante. Los vientres artificiales y las incubadoras consiguen salvar a bebés de 22 semanas, pero la máquina de hacer bebés todavía necesita hacer progresos, ya que actualmente sólo mantiene vivo a un embrión humano durante cinco días.

En cambio, en el caso de los ratones, una máquina es tan buena como un útero, ya que puede mantener vivo a un ratoncito hasta el final de la gestación. Se prevé que este rendimiento se podrá alcanzar en los seres humanos dentro de unos veinte años. Entonces, será posible tomar un espermatozoide de Romeo y un óvulo de Julieta, realizar una fecundación en un tubo de ensayo, confiar el embrión a una máquina y, nueve meses después, los jóvenes amantes verán nacer a su bebé, sin haber mantenido nunca relaciones sexuales. ¡Una concepción inmaculada! ¡Demos gracias a las máquinas! «Las diferencias entre los sexos y las generaciones se ponen en cuestión. ¿Qué es un padre? ¿Qué es una madre? Todos los fundamentos antropológicos se están resquebrajando».[2]

---

2. Ansermet, F.; Magistretti, P., *Les Énigmes du plaisir*, Odile Jacob, París, 2010.

Las niñas se imponen en la escuela, donde obtienen mejores resultados que los niños. La escolaridad mixta las fortalece mediante el contacto con la brutalidad de los niños, con quienes se enfrentan sin temor. La mayoría de los niños se feminizan en la escuela, donde se les hace perder su aptitud para la violencia, que ya no necesitan para prepararse para la guerra, bajar a la mina o trabajar en la fábrica diez horas al día.

A principios de los años 1950, cuando les dije a mis amigos de Argenteuil que quería estudiar, provoqué en ellos un asombro condescendiente. Uno de ellos, a quien admiraba por su actuación en las carreras a pie, me lo reprochó vivamente: «Sólo las niñas y los maricones estudian. Un hombre, un hombre de verdad, va a la fábrica y no se queja». Tenía 15 años, era escayolista, acababa de comprarse un ciclomotor y una guitarra, y estaba orgulloso de darle a su madre todo su sueldo. No sé si yo le daba pena o si me despreciaba por aprender latín y usar las palabras pretenciosas de los filósofos.

En aquella época, la escuela de niñas las preparaba para convertirse en la compañera de un hombre, el hada de la casa, enseñándoles a cocinar, a coser, la moral materna y la virtud religiosa. Los chicos aprendían derecho o medicina, mientras que las chicas acudían tímidamente a la universidad. Esto no significa que no les gustara la cocina, la costura o la moral religiosa, sino que la sociedad las entrenaba para convertirse en la esposa de un hombre. En las buenas familias, los niños eran enviados a un internado a partir de los siete años, donde, privados de afecto, embrutecidos por una institución sin ternura, los pequeños se volvían enuréticos y agresivos. Éste era el precio de su éxito social. Tenían que elegir entre la brutalidad, que les daba acceso a cierto poder, y la rebelión que los desocializaba.

Las mujeres no tenían elección, eran amantes deseadas y madres veneradas cuando aceptaban convertirse en dulces compañeras. De lo contrario, eran rechazadas y despreciadas. Muchas

115

mujeres aceptaron esta condición de segundo sexo, ángel del hogar. Y, a veces, esto las hacía felices.

La cultura de la brutalidad que da a los chicos el poder y a las chicas la felicidad en la servidumbre culminó en el sublime absurdo del fascismo. La «cultura del cuerpo, en la que se confunden el culto a la fuerza y la virilidad, la pasión por la belleza y el poder»[3] fue ensalzada en los años 1930 por toda una literatura, por películas y por estereotipos que valoraban la brutalidad de los chicos y la estética de las chicas. En este contexto, la violencia no podía ser criminalizada porque es educativa, jerarquizadora y fuente de valor moral. Este *ethos* pone de manifiesto una forma de dominar que explica la asombrosa felicidad de los nazis en Auschwitz, cuando festejaban en medio de las fosas comunes, la asombrosa felicidad del que se complace físicamente en aplastar a los dominados, la asombrosa felicidad del que utiliza sus conocimientos para humillar al que no pudo adquirirlos.

Las mujeres tenían que dar a luz para asegurar la supervivencia de la especie. Hoy en día, están orgullosas de mostrar sus abultados vientres de mujer embarazada que demuestran su realización femenina. Los hombres tenían que ser violentos para asegurar la supervivencia del grupo. Hoy, cuando quieren ser padres, tienen que crear un vínculo emocional. Pero es difícil responder a la pregunta «¿Qué es un padre?», porque esta palabra designa mil formas de ser un hombre que procrea. Esta palabra remite a una responsabilidad social, a una forma de amar, a un lugar que ocupar en la familia y en la sociedad. Esta responsabilidad cambia con cada cambio climático, técnico, social y verbal. Imagino que ser designado «padre» en la época de los cazadores-recolectores corresponde a lo que siente un grupo de 30-50 personas cuando todos piensan: «Sabemos que

---

3. Rauch, A., *Histoire du premier sexe. De la Révolution à nos jours*, Hachette, «Pluriel», París, 2006, pág. 350.

te acostaste con esa señora, así que el probable genitor eres tú, y te llamaremos padre». Esa designación implica responsabilidad. Pero engendrar un niño en una mujer no es suficiente para circuitar una sociedad. También hay que nombrar el encuentro sexual socialmente recomendado (el matrimonio) y el encuentro prohibido (el incesto). Entonces, el grupo toma forma, uno puede tener lugar en él con toda seguridad y dotado de un valor moral. «La cópula sirve para la procreación... También es un conjunto de representaciones y un orden simbólico».[4]

Si la noción de incesto no existiera, podríamos saber quién es el genitor, pero no sabríamos qué lugar darle en la sociedad. ¿El niño nacido de un acto incestuoso entre el padre y su hija, es hijo o nieto del autor? Si nace del apareamiento de un hermano y una hermana, sus padres son al mismo tiempo su tío y su tía. La confusión de roles haría que los códigos relacionales fueran poco claros. La familia se volvería confusa y los roles sociales inciertos.

¿Quién tiene derecho a decir «esto es un incesto»? En la dinastía de los quince Ptolomeos del Alto Egipto, la endogamia era la norma, y de ella surgió la bella Cleopatra. Arsínoe estaba casada con su hermano que, locamente enamorado, hizo representar su cuerpo en esculturas que fueron expuestas en París en el Petit Palais. Se dice que los mazdeanos del altiplano iraní practicaban el incesto moral, se reproducían entre ellos para evitar mezclarse con los musulmanes. Los borgoñones pensaban que el incesto era menos grave que el «hedor del adulterio» que hacía estallar a las familias.[5] Se necesitaron varios siglos para definir este delito como un acto sexual, biológicamente posible pero socialmente

---

4. Bueb, R., «L'inceste dans la doctrine pénale d'Ancien Régime», en Brobbel Dorsman, A., Lapérou-Scheneider B., Kondratuk L. (dirs.), *Genre, famille et vul-nérabilité. Mélanges en l'honneur de Catherine Philippe*, L'Harmattan, París, 2017, págs. 177-191.

5. *Ibid.*

inaceptable. Lo que es insoportable es el encuentro entre familiares, madre e hijo, padre e hija. Pero no siempre está tan claro. Cuando Woody Allen se casó con Soon-Yi, hubo quien habló de incesto mientras que ellos afirmaban ser inocentes. Soon-Yi era una niña coreana abandonada en la calle, que la actriz Mia Farrow había adoptado y criado con su primer marido. Cuando Mia se casó con Woody Allen, Soon-Yi tenía casi 19 años. Debido a estas condiciones educativas, sentían que no eran ni padre ni hija. Sin embargo, Mia Farrow, la madre adoptiva, compartía el mismo hombre con Soon-Yi, su hija, por lo que, para la sociedad, se trataba de un incesto del segundo tipo.[6] Pero para Woody y Soon-Yi, era un acto de amor legal.

Ciertos *partenaires* pueden no tener ninguna sensación de transgredir porque no se sienten emparentados. Jacques Anquetil fue un ciclista adorado por las masas. Su médico deportivo lo invitó a su casa para prepararlo mejor físicamente. Un año después, en 1954, el joven de 23 años se fue con la mujer de su benefactor. Cuando se casaron en 1958, Jacques era un «papá» muy alegre y muy amable con la hija de su mujer, Annie. Unos quince años después, Jacques quiere tener «un hijo propio» que su mujer ya no puede darle. Pero esta última tiene una idea que hace las delicias de este pequeño mundo: tendrá un hijo con Annie, que está a punto de cumplir 18 años. Será la hija del amor del hogar. A petición de su esposa, Jacques, dudando al principio («Oh no, con ella no»), acepta entrar en la cama de la joven que ha criado. Permanecerá allí doce años y de esta pareja nacerá Sophie. Los socios de esta hermosa historia de amor familiar quieren publicar su aventura para compartir su felicidad con la sociedad.[7] Salvo que la sociedad no comparte esta felicidad y

---

6. Héritier, F.; Cyrulnik, B.; Naouri, A., *De l'inceste*, Odile Jacob, París, 2000.

7. Anquetil, S., *Pour l'amour de Jacques*, Grasset, París, 2004.

habla de incesto porque que Jacques se encargó de la educación de Annie. Dos mujeres tienen relaciones sexuales con el mismo hombre del que reciben el mismo fluido. «Tuve que pedirle a la hija de mi primer marido que se acostara con mi segundo marido para que pudiera tener el hijo que yo ya no podía darle».[8]

¿Me siguen ustedes? De acuerdo, no queda muy claro el orden entre generaciones, pero es una bella historia de amor, demasiado confusa para la sociedad. Annie, la «hija» de Jacques, se convierte en la madre de Sophie, que crece en este feliz hogar. Nadie piensa en el incesto, una relación sexual entre parientes, ya que la madre de Annie no es la rival de su hija y la amante de Jacques no es su hija biológica. Simplemente ha sido criada por su amante. Annie es tan sólo la amante de este hombre venerado por las masas, el marido de su madre y su afectuoso educador. ¿Dónde está el drama? No en este hogar, donde sólo ve un amor hermoso e inocente que merece ser publicado, mientras que la sociedad lo percibe como una alteración del orden social, una confusión de los roles sexuales. Cuando un enunciado religioso o social dice: «Os declaro marido y mujer», la sociedad lo entiende. Cualquier relación sexual fuera de esta declaración será llamada adulterio o incesto. Cuando ya no se respeta el orden, ¿cómo se comporta uno sexualmente sintiéndose moralmente responsable? La familia Anquetil, el padre, la madre, la hija nacida de un primer matrimonio y amada por una segunda pareja parental, con la niña nacida de estas generaciones desmanteladas, ilustran la jerarquía de los valores morales. Entre los borgoñones, en el siglo v, los matrimonios entre aristócratas católicos, visigodos y arrianos estructuraron la sociedad que el adulterio podía destrozar.[9] Estas familias no-

---

8. *Ibid.*

9. Kupper, J.-L., Marchandisse, A. (dir.), *À l'ombre du pouvoir*, Presses universitaires de Liège, Lieja, 2003.

bles se mataban mucho entre ellas y a menudo se decapitaban en caso de adulterio.

Estos ejemplos ilustran cómo se logra una estructura social mediante la transacción entre un acto sexual que biológicamente produce descendencia y una declaración que designa este acto. Este escenario es recomendado cuando tiene lugar dentro de los vínculos del matrimonio y prohibido, llamándolo «incesto» o «adulterio», cuando confunde las estructuras de parentesco. Hay que señalar que esta transacción biocultural no es la misma según el género. Las mujeres saben, preverbalmente, que van a ser madres, sus cuerpos lo anuncian. Es a través de las palabras de una mujer como un hombre se entera de que va a ser padre y es una narrativa cultural la que dicta cómo debe ocupar su lugar en el hogar.

En la época del Sr. Sapiens, el anuncio quizás fuese éste: «Sabemos que has tenido relaciones sexuales con esta señora, el nacimiento de su bebé te concierne». Entre los nativos norteamericanos, el hombre al que se denomina «padre» es el que mantiene relaciones sexuales con una mujer que ha quedado embarazada por el encuentro con un hombre anterior. Entre los aristócratas, el acto de fecundación sirve para construir un linaje que permanezca en el poder. Las novelas de Émile Zola cuentan cómo un padre es un bruto valiente que impone la ley del Estado o de la Iglesia a su familia para luego morir en la guerra o en el fondo de las minas, rodeado del miedo y la estima de los suyos. En el siglo XX, las esposas imponen su orden en el hogar convirtiendo a sus maridos en el hombre del saco: «Si no me obedeces, se lo diré a tu padre y verás la paliza que te da». En el siglo XXI, la realización de la mujer, la nueva función del sexo, que es cada vez menos de socialización y más de producción de placer, sumada a la desexualización del trabajo, hace difícil decir cómo debe ser un hombre hoy en día para ser padre. Algunos ni siquiera lo saben o no quieren asumirlo, serán denunciados por una prueba de ADN que les obligará a reconocer al niño, sin convertirse necesariamente en un padre afectivo o educador (de algún modo, un padre-cheque). Actualmente, un hombre puede ser condenado a ser padre en un contexto legal en el que una mujer ya no está condenada a ser madre y puede incluso abandonar al bebé que acaba de dar a luz.

Resulta difícil definir al nuevo padre. ¿Es el hombre al que se le pide que asista al parto de su esposa? Algunos padecen los mismos trastornos que su mujer embarazada. Otros quedan conmocionados cuando ven nacer a su bebé y a veces se desmayan. Esto queda muy lejos del hombre que caza mientras su mujer da a luz o del hombre que es alejado por las comadronas para impedirle asistir al parto. Este nuevo lugar del padre está vinculado a una serie de transformaciones sociales, educativas, jurídicas y culturales. Al cambiar el entorno verbal que rodea a los hombres de hoy, se modifica el lugar del padre. El padre como «cabeza de familia» nunca estaba con su familia. Su mujer, como capataz, le informaba y era él quien decidía. ¿Tal vez por eso tenía tanta autoridad? Un padre siempre presente se vuelve familiar, ya no intimida y pierde su autoridad. Sobre todo porque su mujer ya no habla de él con temor y reverencia. Los niños ya no oyen decir: «Cuidado, papá vuelve a casa» o «cállate, papá está descansando». Las madres están cada vez menos en casa, salen por la mañana, como los hombres, y vuelven por la tarde, agotadas, con una carga doméstica más pesada que la de sus maridos. En la época en que el psicoanálisis dominaba en la cultura, se decía que la función del padre era separar al niño de la madre para que pudiera escapar de su monopolio emocional. El niño tuvo que aprender a amar a dos figuras de apego diferentes y asociadas. Esta explicación también es apoyada por no psicoanalistas, porque es pertinente.[10]

---

10. Le Camus, J., *Un père pour grandir. Essai sur la paternité*, Robert Laffont, París, 2011.

La única diferencia es que las figuras de apego están menos diferenciadas según el sexo. No es raro ver a una madre autoritaria que llega a casa del trabajo e impone su ley, mientras el padre consuela al niño y suaviza la autoridad materna. ¿Significa esto que el niño se desarrollará peor? Lo importante es que aprenda a querer a dos figuras de apego diferentes, dos e incluso más: el sistema familiar más protector es el de un nicho afectivo donde el niño encontrará varios apegos diferentes, como repite John Bowlby desde 1950.[11] Esto significa que un hogar heterosexual no es mejor que una familia homosexual con varias figuras de apego.

La desexualización de los roles parentales no impide la asimetría de género. En una pareja heterosexual, la mujer que trabaja pasa 91 minutos al día con sus hijos, frente a los 41 minutos de los hombres,[12] es decir, más del doble. Formulado así, parece que las madres pasan mucho más tiempo con sus hijos que los hombres. Pero, ¿son 50 minutos de contacto emocional con el niño una limitación o un privilegio? En caso de divorcio, la mayoría de los padres piensan que son privados de su hijo por los jueces, que conceden la custodia del niño a las madres en más del 80% de las separaciones. El permiso de paternidad, en Francia, es más solicitado en la administración pública (88%) que por los autónomos (32%), en cuyo caso el jefe puede decirle a una empleada: «No estás dando el pecho». Y, sin embargo, sabemos que el permiso de paternidad mejora la relación de pareja y el desarrollo del niño.

La ecología verbal es un entorno que prescribe comportamientos para madres y padres. Los enunciados cambian constantemente en función del individuo, el acuerdo de las parejas,

---

11. Bowlby, J., *Attachement et perte*, PUF, París, 1978-1982, 3 volúmenes.

12. Olano, M., «Hacia nuevos modelos de paternidad», *Humanités*, 313, abril de 2019, pág. 46.

los niveles sociales y los debates culturales.[13] Sin embargo, el género femenino conserva un privilegio emocional. Incluso cuando las madres se van a trabajar por la mañana y tienen menos contacto diario que maridos que se quedan en casa y participan en las interacciones precoces el 90% del tiempo (aseo, comida, juegos), las madres aportan más seguridad que los padres.[14] Pero este efecto varía según las circunstancias: cuando ambos padres son fusionales, los hijos se mantienen a distancia. Cuando se quedan con uno de los padres, se acercan más a él y aumentan sus interacciones emocionales. Cuando el padre se aleja de un bebé al que se le ha trasmitido seguridad, este último se muestra más desesperado que cuando se aleja la madre,[15] pero cuando el bebé está enfermo, se aferra más a su madre que a su padre. Las variables son tan numerosas y a veces opuestas, que es difícil decir que una sola causa produce un solo efecto. Las circunstancias participan en la atribución de un efecto afectivo a una situación. Por ejemplo, los niños de los internados sueñan con pasar el domingo con sus familias, mientras que los que pasan la semana con sus padres aspiran a tener alguna actividad lejos de ellas el domingo.

Nuestra cultura relativiza los roles sexuales en la educación y los calificativos «femenino» y «masculino» son cada vez menos definitorios. Sin embargo, hay un imperativo biológico que impide que sean equivalentes: cuando hombres y mujeres tienen relaciones sexuales, estadísticamente, ¡son las mujeres las

---

13. Lamb, M. E. *et al.*, «Security of mother- and father-infant attachment and its relation to sociability with strangers in traditional and nontraditional Swedish families», *Infant Behavior and Development*, 5 (2-4), 1982, págs. 355-367.

14. Le Camus, J., *Un père pour grandir*, op. cit.

15. Lamb, M. E., «The development of mother-infant and father-infant attachment in the second year of life», *Developmental Psychology*, 13 (6), 1977, págs. 637-648.

que quedan embarazadas! No hay paridad. Algunos investigadores han pensado en las condiciones que permitirían un embarazo masculino. En teoría, es posible. Sabemos cómo realizar un trasplante de útero. Basta con tomar un útero de una donante y trasplantarlo al vientre de otra mujer que carece de él (1 nacimiento de cada 4.500). Se fija a los ligamentos de la pelvis, se desvían algunas arterias de la ilíaca, que pasa cerca, se administran hormonas femeninas y fármacos antirrechazo, se realiza la fecundación *in vitro*, se introducen las primeras divisiones celulares en el injerto y sólo queda esperar al final de embarazo. La misma manipulación podría llevarse a cabo en un hombre. Imagínese que el útero fecundado se inserta en el abdomen del hombre o se injerta en la albugínea, una envoltura de tejido conectivo que rodea los testículos. Se inyectan hormonas femeninas en una primera fase, mientras se espera que la placenta se encargue de segregar las hormonas necesarias para mantener el embarazo. Hasta entonces, no hay problema. Cuando llegue el momento de dar a luz, si el útero gestante se ha injertado en el abdomen del hombre, se realizará una cesárea, y si se ha injertado en la albugínea de un testículo, se usará una carretilla. Sólo entonces podremos hablar de paridad.

Por último, ¿se podría decir que la condición masculina está en crisis? ¿O se trata de una evolución adaptativa frente a las variaciones ambientales? El hombre y la mujer siempre han estado sujetos a presiones climáticas, hormonales, sensoriales y sociales.

Los hombres, que se libran del embarazo, están sometidos principalmente a las presiones verbales que les dicen qué es un hombre y qué es un padre. Oyen las palabras que denuncian el incesto, escuchan las historias que exponen la paternidad. Los nuevos padres que acaban de llegar al mundo están menos preocupados por la virilidad y más por el afecto. ¿Es esto algo malo? Pocos hombres echan de menos los días en que tenían que alistarse en cualquier ejército o trabajar quince horas al día en condiciones de tortura física, sin ver la luz, y luego dar todo el dinero a sus esposas. Fueron aplaudidos, fueron héroes y se les dio todo el poder mientras esperaban contraer la silicosis que se los llevaría a los cincuenta años. ¿Era realmente un buen negocio?

Hace dos generaciones, los roles de género eran estereotipados. Papá-pelícano salía por la mañana a buscar comida, trabajaba lejos, tenía pocas relaciones afectivas, era valiente, generoso, autoritario y a veces violento. Mamá-pastel estaba siempre disponible en casa, con un delantal de cocina, cariñosa, segura y a veces asfixiante.

Sexo relativo

Si razonamos en términos ecológicos, en los que un potencial celular está constantemente sometido a las presiones de su hábitat, hasta acabar en un aspecto masculino o femenino, podríamos formarnos una nueva imagen de los desarrollos sexuales.

La historia de las ideas científicas no siempre es lógica. El jovencísimo Sigmund Freud fue uno de los primeros en hacerse esta pregunta. Tenía 20 años, en 1876, cuando fue enviado al laboratorio de biología marina de Trieste para estudiar la sexualidad de las anguilas. El profesor Carl Claus se fijó en aquel joven brillante y consiguió una beca para que respondiera a la pregunta que todo el mundo se formula: ¿dónde han ido a parar los testículos de las anguilas? La zoología de finales del siglo XIX produjo un gran número de publicaciones científicas que fueron posibles gracias a la mejora de los microscopios y la tinción celular. El Dr. Syrski, naturalista polaco, había comprobado que no había machos entre las anguilas y en 1874 formuló la hipótesis de que el órgano lobulado de los ovarios era en realidad un precursor de los testículos. El joven Freud, que ya era un excelente histólogo,[1] diseccionó 400 anguilas de aspecto femenino y propuso la conclusión de que «el órgano lobulado [...] se presenta como un órgano inmaduro, y tales cambios celulares [...] podrían dar lugar a la formación de espermatozoides que

---

1. Histología: estudio de la disposición de las células en los tejidos orgánicos.

todavía pueden ocurrir en la maduración posterior».² ¡Sí, usted lo ha leído bien! ¡Un ovario podría dar espermatozoides más adelante! Los órganos lobulados descritos por Syrski y Freud serían testículos inmaduros. Esta frase demuestra el evolucionismo de Freud, que acepta la idea de que un órgano femenino puede cambiar de forma y función según su desarrollo.

El jefe del joven Freud publicó este trabajo en 1877 en el Instituto de Zoología y Anatomía Comparada de la Universidad de Viena, ya que Trieste no estaba en Italia en aquel entonces. El profesor Carl Claus insistió para que Freud escribiera: «Nadie ha descubierto nunca una anguila macho adulta [...], nadie ha visto nunca [...] los testículos de la anguila»,³ lo que suponía una distorsión de las conclusiones del joven investigador. Freud, disgustado, no volvió a citar a su jefe,⁴ aunque durante toda su vida Carl Claus envió regularmente a Freud todo lo que se publicaba sobre Darwin. Estos libros aún pueden verse en el primer piso de la casa de Freud en Hampstead, un suburbio de Londres. Irónicamente, esta publicación le valió a Freud el prestigioso Premio Goethe, concedido en 1936 por la ciudad de Fráncfort por esta obra naturalista.⁵ Fontaine inyectó hormonas masculinas en angulas, alevines de anguila, y comprobó que, a medida que envejecían, las crías hembras se convertían en machos.⁶ Por tanto, la determinación genética del sexo no es inexo-

---

2. Freud, S., «Observations de la conformation de l'organe lobé de l'anguille décrit comme glande germinale mâle», en P. Fédida *et al.* (dir.), *Les Évolutions. Phylogenèse de l'individuation*, PUF, París, 1994, pág. 17.

3. Citado en This, B., «Freud, les anguilles... et la bisexualité», *Le Coq-Héron*, 215, abril de 2013, págs. 131-136. Archives du Coq-Héron, 44 marzo de 1974.

4. Jones, E., *Vida y obra de Sigmund Freud*, Horne, Buenos Aires, 1976, 3 volúmenes.

5. Sulloway, F. J., *Freud, biologiste de l'esprit*, Fayard, París, 1981.

6. Fontaine, Y.-A., *Les anguilles et les hommes*, Odile Jacob, París, 2001.

rable y otras presiones pueden conducir a una anatomía más o menos masculina o femenina.

El pensamiento fijista de quienes desean que un hombre y una mujer sean radicalmente diferentes fue cuestionado por el pensamiento evolucionista, que propone la idea de que un determinante genético se desplaza constantemente en mil direcciones diferentes según las presiones ecológicas.

Hoy, el mirlo de cabeza azul confirma el trabajo del joven Freud y demuestra que el medioambiente puede cambiar los metabolismos e incluso las anatomías.[7] En un banco de lábridos, las hembras son numerosas, pequeñas y amarillas. El macho, de mayor tamaño, es reconocible por su cabeza azul rodeada de un collar negro. Basta con retirar al macho para observar que una hembra amarilla adoptará rápidamente la forma y el color de un macho. Tras la disección, los ovarios de esta antigua hembra están atrofiados y se comprueba que han aparecido testículos. Un simple cambio en el entorno (eliminar un macho azul) estimuló el cerebro de una hembra. El aumento de las secreciones de hormonas masculinas alteró los metabolismos y diez días después la hembra se convirtió en macho, sus ovarios maduros se transformaron en testículos.[8] La mera presencia de un macho con su volumen, con sus colores azul y negro, es un estímulo sensorial que perciben todas las mujeres de la manada. La eliminación de este estímulo es suficiente para que la hembra se convierta a su vez en macho. La mera presencia de un macho inhibe el potencial masculino de las hembras y convierte en hembras a hembras que podrían haberse convertido en machos. Los cerebros no cambian, pero las morfologías y los comportamientos pueden llegar a ser muy diferentes.

---

7. Geffroy, B.; Douhard, M., «The adaptative sex in stressful environment», *Trends in Ecology and Evolution*, 2019.

8. Geffroy, B.; Douhard, M., «Quand la girelle à tête bleue change de sexe», *La Recherche*, 551, 2019, págs. 12-14.

Desde hace setenta años se sabe que la alteración de las hormonas altera el organismo y comportamientos como la agresividad y la reproducción. Un cachorro de perro muy joven al que se le inyecta testosterona poco después de nacer levanta la pata al orinar como hacen los adultos.[9] Una rata macho muy joven a la que se le ha administrado testosterona monta a las hembras cuando sus gónadas aún no son capaces de reproducción.

Crías de rata hembra inyectadas con foliculina a los 21 días de edad adoptan fácilmente una postura de lordosis para aceptar el apareamiento.[10] Las hembras de la foca moteada, tras un tratamiento con hormonas sexuales masculinas, comienzan a silbar los cantos masculinos que han oído en su juventud.[11] Los grupos unisexuales de mamíferos atraviesan la pubertad más tarde que los grupos bisexuales, ya que la mera presencia de un macho altera las secreciones hormonales de las hembras.

Desde los años 1950, numerosas observaciones y experimentos han demostrado que un mismo cerebro, estimulado por una información que varía según el entorno, induce la secreción de hormonas que provocan morfologías y comportamientos sexuales muy diferentes. Estos datos científicos son difíciles de aceptar por parte de culturas cuyo marco de pensamiento sigue siendo binario: todo lo que no es masculino es femenino.

Sin embargo, los topillos nos han mostrado que, cuando la ecología es benigna, estos pequeños roedores segregan mu-

---

9. Freud. J.; Uyldert, I. E., «Micturition and copulation behaviour patterns in dogs», *Acta Brevia. Neerl. Physiol. Pharmacol. Microbiol.*, 16 (1-4), 1948, págs. 49-53.

10. Beach, F. A., «Evolutionary changes in the physiological control of making behavior in mammals», *Psych. Rev.*, 54 (6), 1947, págs. 297-315.

11. Immelmann, K. (1959), citado en Eibl-Eibesfeldt, I., *Ethology. Biologie du comportement*, Naturalia et Biologica, Éditions scientifiques, París, 1972, pág. 217.

cha oxitocina, que refuerza el apego dentro de la pareja y con las crías. Mientras que cuando el entorno es hostil, las hormonas del estrés se fijan en el sistema límbico, lo que provoca reacciones de alerta ralentizando el tejido de los vínculos de apego. Las tupayas nos habían ayudado a hacer una observación similar al mostrarnos que una hembra embarazada en un entorno estresante mata a las crías que ha dado a luz, como si ya no tuviera fuerzas para cuidarlas. «El estrés produce un retraso en el crecimiento [...] en la hembra, la función láctea se interrumpe [...] cuando el estrés es particularmente fuerte, las hembras ya no se reproducen, muestran una masculinización del comportamiento y montan a los animales de la jaula».[12]

Ya se trate de peces, tortugas o mamíferos, de estas observaciones se desprende una idea: el cerebro no cambia, pero bajo el efecto de estímulos ecológicos la secreción de neurohormonas modifica los cuerpos y el comportamiento sexual. Recientes análisis epigenéticos muestran que una variación en el entorno puede incluso modificar la expresión del ADN. Los genes no codificantes están directamente influenciados por los estímulos ambientales, la dieta, el sueño, la actividad física y las variaciones de luz. Los seres humanos experimentan estas presiones biológicas, pero también el estrés causado por las condiciones de trabajo, los conflictos familiares o las historias de miedo. El estrés físico y simbólico alerta al cuerpo, que segrega radicales metil- ($CH3$). Al unirse a determinadas zonas del ADN, alteran su expresión, pero no afectan a la organización de los genes. El ADN se expresa de forma diferente, aunque no muta. El ejemplo clásico es el de las abejas: cuando la reina muere, las obreras ro-

---

12. Autrum, H.; Holst, D., «Sozialer «Stress» bei Tupajas (Tupaia glis) und seine Wirkung auf Wachstum Körpergewicht und Fortpflanzunf», *Zeitschrift für ver-gleichende Physiologie*, 58, 1968, págs. 347-355, citado en Eibl-Eibesfeldt I., *Ethologie, biologie du comportement*, op. cit, pág. 356.

dean a una trabajadora, la envuelven con sus estímulos táctiles, térmicos y químicos y la alimentan con jalea real. Esta obrera se vuelve rápidamente grande, inmóvil y fértil.

Por el contrario, cuando el ambiente mejora, los radicales metil- se diluyen y desaparecen. Los genes, ahora liberados, codifican la síntesis de una enzima, la aromatasa, que transforma la testosterona masculina en estradiol femenino. Por tanto, la construcción de un sexo no es inexorable; está constantemente sujeta a los caprichos del entorno.

¿Cuál podría ser el beneficio de la sexualidad? Cuando dos sexos se asocian y se diferencian, la evolución adaptativa tiene lugar desde la primera generación. En cada apareamiento, los progenitores macho y hembra, al disponer sus cromosomas de forma aleatoria, inventan una cría a partir de lo que ellos son. La población de los hijos no es totalmente idéntica a la de los padres de los que nacen. Así, no se trata de una cuestión de reproducción sexual, como se suele decir, sino de una disposición adaptativa. Cuando el entorno varía, lo que hace constantemente, una parte de la población de los jóvenes consigue adaptarse, mientras que si los hijos fueran estrictamente idénticos a sus padres, toda la especie desaparecería con cada modificación del medio.

El problema que plantea el mundo sexuado, ya sea el de peces, reptiles o mamíferos, es que los machos, al no tener que pagar el precio del embarazo y la cría de los cachorros, se adaptan con menor coste a un mundo estresante. Las mujeres necesitan un mundo tranquilo para realizarse y afrontar los problemas de la maternidad. En un entorno hostil en el que siempre están alerta, su cerebro responde segregando isotocina, una neurohormona que activa comportamientos territoriales y agresivos y destruye las células germinales femeninas, los ovocitos, como si la adaptación a un entorno adverso facilitara la masculinización del tejido reproductivo. Al igual que los machos, las hembras se vuelven agresivas, mostrando comportamientos de dominación y de monta mientras sus ovarios se atrofian.[13]

Favorecer a los machos en las ecologías difíciles y facilitar el desarrollo de las hembras en los entornos pacíficos proporcionaría una especie de control de la natalidad, como si los mecanismos naturales enviaran este mensaje: el medioambiente es pacífico, es el momento de tener hijos. O bien: el entorno es difícil, es hora de masculinizar los organismos.

Si el progreso fuera lineal, se podría imaginar una sociedad perfecta en la que las mujeres ya no necesitaran a los hombres para vivir y tener hijos. En contextos ecológicos y sociales difíciles, la fecundidad de las mujeres y los hombres disminuye mientras que la mortalidad de las mujeres y los niños aumenta, lo que se verifica en los seres humanos y el resto de animales. En un contexto difícil en el que las hembras tienen dificultades para desarrollarse, la evolución envía a los machos a la guerra porque tienen menos valor de supervivencia. Pero cuando el entorno es pacífico y está bien organizado, las hembras florecen, transmiten buena vida y reducen a los machos a la función de inseminadores.

¿Podrían estos datos tomados de los animales arrojar luz sobre la condición humana? En 1989, tras la caída del Muro, fui a Bucarest con Médicos del Mundo. Cuando descubrimos el horror de los niños internados en los «orfanatos» de Ceausescu, nos quedamos estupefactos, asqueados por la alteración orgánica y mental de esos niños que nunca habían sido educados y a quienes nadie hablaba. No era posible imaginar un entorno más hostil para aquellos niños abandonados. Recuerdo las reflexiones de los educadores que me acompañaban, que preguntaron: «¿Dónde están las chicas?». «Están aquí», nos dijeron, pero era

---

13. Todd, E. V.; Ortega-Recalde, O. *et al.*, «Stress, novel sex genes, and epigenetic reprogramming orchestrate socially controlled sex change», *Sci. Adv.* 5 (7), 2019.

difícil distinguirlas. «Probablemente se deba a la ropa aleatoria y a la falta de maquillaje», decíamos. Hoy, treinta años después, diríamos que la falta de afecto había vulnerabilizado a todos los niños y que las niñas se habían adaptado a este horrible entorno volviéndose más masculinas.

Tuve la misma experiencia en Quebec, con los Huérfanos de Duplessis. Aquellos hijos de la vergüenza, nacidos de madres solteras, habían sido internados entre 1940 y 1960 en orfanatos que los gobernantes habían transformado en centros psiquiátricos porque el precio diario era más ventajoso. Los hombres que conocí en los años 2000 eran pequeños, rústicos, tenían un vocabulario reducido y habían envejecido prematuramente. Desde lejos reconocía a las mujeres por su tono de voz y su vestimenta neutra. Me dijeron que les interesaba no ser demasiado femeninas para ser menos violadas. Esto era así, sin duda, pero lo que más recuerdo es su pequeña talla y sus rostros masculinos.

Pero conocí a un hombre más alto, con una expresión dulce, que me invitó a comer. Bruno Roy había escapado de esta institución gracias a la hermana Marie des Anges, que había hecho trampas para ayudarle a pasar un test de inteligencia y conseguir que lo adoptaran. Se había convertido en profesor de literatura en la Universidad de Montreal y era responsable de la Asociación de Huérfanos Duplessis.[14] Si hubiera permanecido en Mont-Providence, donde los niños sin educación y a menudo violados, llamados abusivamente «enfermos mentales», eran atendidos en hospitales psiquiátricos y trabajaban en granjas como jornaleros, ¿habría crecido tanto y llegado a ser tan amable? Se presentó como poeta e incluso como un «poeta sin padre», ya que desconocía sus orígenes. Fue entonces cuando descubrí que toda una población de niños, que había sufrido

---

14. Roy, B., *Mémoire d'asile. La tragédie des enfants de Duplessis*, Boréal, Montreal, 1994.

privaciones extremas en un entorno de brutalidad sin precedentes, había adquirido una morfología sorprendentemente similar: miembros pequeños y cortos, rostros prematuramente envejecidos y niñas que parecían niños rudos.

El entorno relacional moldea el cuerpo y el alma en mayor medida de lo que se creía. Impregna las gónadas del bebé una aptitud para la sexualidad y la fertilidad que se manifestará más adelante, cuando sea adolescente y adulto.

Construcción social de las siluetas sexuales

La aventura humana de un bebé comienza antes de su concepción. Cuando sus futuros padres se encuentran, incluso antes del apareamiento, preparan el primer nicho biológico donde el esperma y el óvulo fusionados desencadenarán las divisiones celulares para formar un embrión. A medida que se desarrolla, el feto habitará en el útero de su madre, donde percibirá las primeras comunicaciones químicas y sensoriales. Tras el nacimiento, se acurrucará en sus brazos, estableciendo interacciones emocionales con ella. Y sólo mil días después, al final de su segundo año, entrará en el mundo de la palabra.

Si la pareja de los futuros padres se ha desarrollado bien, si el cuerpo de la madre está preparado para acoger al futuro pequeño inquilino, si su relación con su hogar es estable y segura, podemos predecir que los jóvenes padres compondrán un primer nicho fortificante para el embrión. Pero imaginemos que la futura madre tiene 14 años, fue expulsada de su casa por una familia maltratadora, fuma cannabis y desea aparearse con un chico de 17 años, fugado, violento y sin trabajo. Entonces podemos predecir que compondrán un nicho donde las sustancias ingeridas y las hormonas del estrés serán tóxicas para el embrión. Los productos industriales inhalados o ingeridos se sumarán a la infelicidad de la madre para alterar los circuitos de las neuronas cerebrales y las gónadas del niño que lleva dentro. Si la madre se siente desgraciada por su historia, su marido, su precariedad social o por las duras pruebas de su existencia, su cortisol sanguíneo atravesará la barrera placentaria e inundará el líquido amniótico. El bebé que se trague este líquido ingerirá una cortisona que es tóxica para las neuronas de su circuito límbico. Vendrá al mundo con una alteración de su memoria y emociones, cuyo origen es la desgracia de su madre. Las gónadas del embrión se establecen muy pronto, entre el 7º y el 14º día de embarazo. Si hay sustancias tóxicas en el líquido, actúan en dosis muy pequeñas sobre las células sexuales. El bebé viene al mundo con trastornos que no se manifestarán hasta la adolescencia y la edad adulta.

La pubertad es un momento clave en el desarrollo humano. El eje hipotálamo-hipófisis segrega hormonas sexuales que surgen durante la pubertad y modifican la morfología de los niños para preparar su cuerpo para la reproducción sexual. En un niño pequeño, el aumento de la testosterona actúa sobre los músculos y los huesos de los hombros, que se agrandan en unos meses. En una niña, las hormonas femeninas actúan más bien sobre la grasa y los huesos de la pelvis. La figura se sexualiza, pero el impacto de estas hormonas no se produce a la misma edad en los chicos y en las chicas. Hoy en día, en Francia, la primera menstruación aparece alrededor de los 13 años en las niñas blancas y 9 en las negras. Esto no permite concluir que el color de la piel tenga un efecto sobre la aparición de la menstruación, sino que sugiere que una niña blanca se desarrolla en un entorno más tranquilo que una niña negra. Son las condiciones sociales las que explican que una niña italiana esté menstruando a los 12 años, mientras que una alemana lo hará a los 14. El dinero de los padres modifica así la fecha de aparición de la menstruación de su hijo. Si los padres tienen una buena posición económica, es porque han completado sus estudios, lo que les permite acceder a empleos bien remunerados, o porque han adquirido un instrumento de producción como una tienda o una empresa. Pueden ofrecer a su hijo un entorno privilegiado, estable y confortable. Los pobres también pueden ofrecer a sus hijos un entorno seguro, y los padres en este caso transmiten pocas hormonas del estrés, poco comportamiento brutal y pocas palabras hirientes. El diencéfalo del niño (la copa de la base del cerebro) se desarrolla tranquilamente. Pero cuando los padres son educados, las niñas estudian más. Utilizan menos su cuerpo. Cuando los niños van al campo o a la fábrica, al hacer esfuerzos físicos comprimen los cartílagos articulares, que se calcifican y detienen el crecimiento. Por eso, los hombres y mujeres que han trabajado a edades tempranas tienen las piernas más cortas que las personas de clase media que no lo han hecho.

Cuando los padres son pobres, los trabajos son difíciles, mal pagados, inestables y el transporte es largo e incómodo. La familia se hacina en casas pequeñas, creando una ecología de hacinamiento. La base del cerebro, constantemente alertada, envía gonadotropinas que estimulan la secreción de hormonas sexuales. Esto explica por qué las niñas de padres pobres o inmigrantes tienen pubertades precoces.[1]

El factor alimentario desempeña un papel importante junto con el determinismo económico: los pobres comen peor. Compran menos carne, verduras y fruta fresca y, en cambio, suelen enviar a sus hijos a comprar pizzas y bebidas azucaradas, mal llamadas zumos de frutas. En sus alojamientos pequeños se adaptan moviéndose lo menos posible, hundiéndose en un sillón cerca del televisor. Estas limitaciones espaciales provocan sobrepeso y obesidad, especialmente en las niñas. Pero la adiposidad es el equivalente a una glándula endocrina que segrega leptina, una hormona que estimula el comportamiento alimentario. El círculo se completa: las niñas que tienen la regla

---

1. Parent, A.-S.; Teilmann, G. *et al.*, «The timing of normal puberty and the age limits of sexual precocity. Variations around the world, secular trends, and changes after migration», *Endocrine Reviews*, 24(5), 2003, págs. 668-693.

antes de los diez años son casi siempre obesas e hijas de padres pobres.

Los chicos atraviesan la pubertad de otro modo Es más difícil de ver, pero se nota en el vello del pubis y bajo la nariz a medida que crece el bigote. La voz cambia porque el hueso hioides, la glotis se desplaza hacia el cuello y las cuerdas vocales más gruesas producen sonidos más profundos. Podríamos medir las hormonas para saber cuándo aumenta la testosterona. También podemos observar a su perro, que es el primero de la familia en enterarse de que el chico está entrando en la pubertad. Puede oler la testosterona, que recuerda al olor de la trufa, algo de lo que los humanos no son muy conscientes. El comportamiento del perro cambia porque ahora sabe que está tratando con un adulto.[2]

La leptina tiene en los chicos tiene el efecto contrario: retrasa la pubertad. Los chicos de entornos pobres, lánguidos en la escuela y adormecidos frente al televisor comiendo sándwiches, adquieren sobrepeso y conservan su voz de niño porque su pubertad se retrasa. Hace dos o tres generaciones, los niños de padres pobres se sentían orgullosos de trabajar temprano. En cuanto se desarrollaban sus músculos, trabajaban en el campo, aprendían un oficio o trabajaban como recaderos en los talleres. No se avergonzaban de ser pobres, sólo tenían que ser valientes y trabajadores para ocupar su lugar como hombres. Por eso consideraban que los chicos que estudiaban eran afeminados, tardaban en incorporarse a la sociedad, dependían de sus padres y debían permanecer dócilmente sentados para estudiar.

Hoy, en nuestra nueva sociedad, esos chicos pesados y lánguidos no se atreven a decir que se sienten dominados por las chicas. Tanto las chicas ricas, altas y delgadas, como las chicas

---

2. Claude Béata, veterinario, profesor de etología en las universidades de Toulouse y Toulon, comunicación personal. Y Béata, C., *La Psychologie du chien*, Odile Jacob, París, 2008.

pobres, bajas y con exceso de peso, tienen una clara ventaja neuropsicológica sobre los chicos. Ellas atraviesan la pubertad entre los 9 y los 13 años, mientras que los chicos lo hacen entre los 12 y los 14. Cuando sabemos que, en la misma clase, los niños nacidos en enero van mejor en la escuela que los nacidos en diciembre, podemos entender que dos años de adelanto para las niñas es una ventaja decisiva para la comprensión escolar y el arte de las relaciones cotidianas.

El determinismo genético XX o XY es sólo el punto de partida para la construcción de un cuerpo. Desde las primeras divisiones celulares, el entorno modela tendencias de desarrollo, pero los efectos hormonales son diferentes según el sexo. Cuando un hombre segrega menos testosterona porque tiene sobrepeso, se vuelve resistente a la insulina y corre el riesgo de padecer diabetes (tipo 2), porque vive en una cultura que facilita el exceso de azúcares y le obliga a ser sedentario. En una mujer ocurre lo contrario: la testosterona femenina es segregada por las glándulas suprarrenales, que son estimuladas por las neurohormonas diencefálicas. Esto significa que un hombre se vuelve diabético porque vive en una cultura que lo infraestimula, mientras que una mujer se vuelve diabética porque su entorno la sobreestimula.[3] Lo que se aplica a un sexo no se aplica al otro. Sobre todo porque en la pubertad las chicas segregan la hormona luteinizante que prepara sus pechos para la lactancia, mientras que los chicos, poco sensibles a esta hormona, segregan una pequeña cantidad de ella cuando el contexto los estresa.[4]

Las tensiones relacionales y las catástrofes naturales y culturales también tienen el poder de alterar la pubertad. Cuando

---

3. Morford, J.; Mauvais-Jarvis, F., «Sex differences in the effects of androgens acting in the control nervous system on metabolism», *Dialogues in Clinical Neurosciences*, 18 (4), 2016, págs. 415-424.

4. Yamaji, T.; Dierschke, D. J. *et al.*, «Estrogen induction of LH release in the rhesus monkey», *Endocrinology*, 89 (4), 1971, págs. 1034-1041.

un niño ha formado un vínculo inseguro con sus cuidadores, no puede desarrollar la confianza en sí mismo. Vive cada acontecimiento como una agresión, lo que modifica la secreción de sustancias y hormonas de alerta. Una niña rica tendrá una pubertad sana más tarde, pero si se vuelve anoréxica, no tendrá la menstruación. Una niña pobre tendrá una pubertad precoz, pero si la pobreza provoca hambre, no tendrá la menstruación. En los países devastados por la guerra, la alerta es constante: sobre un fondo de inquietud cotidiana, a menudo un miedo intenso altera los metabolismos. En un contexto como éste, todas las niñas tienen una pubertad tardía, como se pudo comprobar durante la guerra en Croacia y Bosnia.[5]

---

5. Pacak, K.; Palkovits, M., «Stressor specificity of central neuroendocrine res-ponses: Implication for stress-related disorders», *Endocr. Rev* 22 (4), págs. 502-548.

Morfologías y civilizaciones

Estas observaciones clínicas y estos datos cuantitativos confirman la idea de que es mejor entrenarse para razonar en términos ecosistémicos, donde varias causas convergen para modular un efecto. Vivir a gran altura es como vivir en una situación en la que las limitaciones diarias son constantes. El cuerpo se adapta a la disminución de oxígeno respirando más deprisa y aumentando los glóbulos rojos que luchan contra el estrés hipóxico. Hace frío, las pendientes son empinadas, también se habla de estrés nutricional porque la comida es muy difícil de conseguir. Sin embargo, muchos seres humanos han vivido a gran altura: durante 10.000 años en los Andes de Bolivia, Perú y Chile; durante 50.000 años en el Tíbet y Nepal; durante cinco siglos en el Pamir y las Montañas Rocosas. ¿Querían estas personas huir de un invasor, seguir a los rebaños o acercarse al dios de su religión?

Probablemente un poco de todo. La estructura ecológica de la altitud conduce a adaptaciones culturales. Numerosos rituales de interacción adaptan al grupo a este difícil entorno, los inventos técnicos ayudan a construir refugios y a cuidar de los animales domésticos. Estas adaptaciones, que permiten la supervivencia, son transitorias y reversibles. Al regresar a las llanuras, el estrés hipóxico desaparece en pocos días. Sin embargo, el tipo de crecimiento de las crías que se han desarrollado en esta ecología permanece: «Los efectos de la altitud se registran en la vida intrauterina, la duración del embarazo, el peso al nacer, el crecimiento posnatal, la maduración sexual, la edad adulta y el proceso de envejecimiento».[1] Cuando estos pueblos regresan a las llanuras, sus adaptaciones duraderas sólo son reversibles después de varias generaciones. En la alta montaña, cuanto más se sube, más pequeños son los recién nacidos. El crecimiento es más lento y la pubertad, muy retrasada, se produce a los 22 años.[2] Los hombres no necesitaron una publicación científica para constatar este fenómeno, sino que inventaron un ritual adaptativo: las mujeres embarazadas bajan a las llanuras hasta que dan a luz.

A menudo es la propia cultura la que impone restricciones al cuerpo. El deporte no tenía ningún valor cultural cuando todo el mundo utilizaba su cuerpo para trabajar desde los 12 años. Durante siglos, en toda Europa se envolvía a los bebés con fajas apretadas para combatir la animalidad que los impulsaba a gatear. Las madres los colgaban de un clavo en la puerta de la granja para trabajar en el campo o en el corral. Imagino que el cuerpo de estos niños debe haberse atrofiado y se produjo en ellos un claro retraso en la deambulación. Los pequeños, mal aseados, debían sentir un malestar constante, y muchos murieron de diarrea y deshidratación.[3] El nicho sensorial de los primeros meses debe haber sido pobre en estimulación emocional. Hoy en día, cuando un bebé se encuentra en una situación de este tipo por abandono, guerra o negligencia familiar, al estudiar su cerebro mediante la neuroimagen se encuentran alteraciones cerebrales localizadas: atrofia bifrontal que impide la anticipación, atrofia límbica que altera la memoria y las emociones, e hipertrofia de la amígdala que hace que el niño no pueda controlar sus emo-

---

1. Facchini, F., «Les effets de l'altitude», en C. Susanne, E. Rebato, B. Chiarelli (eds.), *Anthropologie biologique,* Bruselas, De Boeck, Bruselas, 2003, pág. 431.

2. *Ibid.*, pág. 431.

3. Gélis, J., *L'Arbre et le Fruit. Naissance dans l'Occident moderne,* Fayard, París, 1984.

ciones.⁴ A medida que un niño así crece, se manifiestan en él trastornos emocionales significativos. Estalla a la menor observación, lo cual dificulta la formación de vínculos familiares y compromete sus relaciones en la escuela. En la adolescencia, este joven, constantemente desesperado, desea la muerte y a menudo se suicida.⁵ ¿Puede el efecto retardado del fracaso precoz de los primeros meses explicar la extrema violencia de la vida cotidiana, en una época en que los adultos se peleaban al menor pretexto y que toda la sociedad estaba organizada por la ley del más fuerte? Al aristócrata le parecía normal reclutar tropas para apoderarse de las tierras de un vecino y asesinar a miembros de su propia familia para acceder al trono.⁶ Un jefe de Estado no dudaba enviar el ejército de su país para colonizar un estado vecino y apoderarse de sus tierras y propiedades. Un hombre bien nacido no dudaría un instante antes de golpear a un villano que lo importunara. Las mujeres burguesas pedían a los jóvenes de su familia que atacaran a una familia rival, y agredían a las criadas que no obedecían con la suficiente rapidez. Para educar bien a un niño, había que golpearlo. Recuerdo los látigos que colgaban del techo de unos comerciantes de pinturas. Lo mangos de madera pequeños y las correas cortas eran menos caros, pero los de mayor longitud permitían que el adulto alcanzara al niño sin correr. En el instituto, los profesores de historia enseñaban a los chicos que no podían pasar por la vida sin conocer la guerra.

---

4. Cohen, D., «The developmental being. modelling a probabilistic approach to child development and psychopathology», en M. E. Garralda, J.-P. Raynaud (eds.), *Brain, Mind and Developmental Psychopathology in Childhood*, Jason Bronson, Nueva York, 2012, pág. 14.

5. Fonagy, P.; Target, M., «Vers une compréhension de la violence: l'utilisation du corps et le rôle du père», en P. Perelberg (ed.), *Violence et suicide*, PUF, París, 2004, págs. 99-131.

6. Coontz, S., *Marriage, a History. How love Conquered Marriage*, Penguin Press, Nueva York, 2005.

Los niños ricos iban a gimnasios para aprender *savate* (boxeo francés), mientras que los chicos de padres pobres lo aprendían en peleas callejeras.

La violencia era glorificada cuando un hombre, matando a sus enemigos y a los animales grandes, se aseguraba la supervivencia. Luego se consideró una forma normal de resolver los problemas humanos. Sólo recientemente algunos Estados han renunciado a la violencia política[7] y los educadores se preguntan si es realmente necesario golpear a un niño para mejorar su rendimiento escolar. Sólo en las últimas décadas nuestra moral ha descalificado a los hombres violentos acudiendo a la policía, al sector psiquiátrico y a los magistrados para proteger a las mujeres y a los niños.

La violencia se ha civilizado limitándose a los espectáculos deportivos. El deporte de bajo nivel aporta salud y bienestar para compensar una cultura sedentaria, pero el deporte de alto nivel adquiere un significado diferente: se trata de utilizar las cualidades físicas y mentales para ganar y dar un espectáculo comercial. Los niños, más que las niñas, se sienten atraídos por esta violencia culturalmente valorizada. Sueñan con ser campeones de fútbol y, cuando la calidad de sus músculos no está a la altura de sus sueños, se conforman con una actividad alegre entre amigos. El deporte de alto nivel ofrece una situación casi experimental que revela cómo una actividad cultural puede modificar nuestros cuerpos, nuestros cerebros y revelar la jerarquía de nuestros valores culturales. En el baloncesto y el salto de altura se utiliza a una persona alta, mientras que en la danza o la gimnasia se selecciona a personas más bien pequeñas.

El deporte de alto rendimiento modifica la composición natural del cuerpo.[8] El gasto de energía disminuye el stock de

---

7. Pinker, S., *La Part d'ange en nous*, Les Arènes, París, 2017.
8. Pachaco Del Cerro, J.-L., «Croissance et sport», en C. Susanne, E. Rebato, B. Chiarelli (eds.), *Anthropologie biologique*, De Boeck, Bruselas, 2003, págs. 519-526.

grasa y aumenta la masa muscular. Es más pronunciado en los chicos, aunque en ambos sexos los deportistas dan a su cuerpo una forma triangular, ancha en los hombros y estrecha en la cintura. No hay cambios en la pubertad en los chicos, mientras que hay un retraso en las niñas sobreentrenadas. En general, este deporte recupera los cánones de belleza de las estatuas griegas. Esto no es un hecho insignificante, pero no nos enseña mucho, ya que en las culturas pobres sin tecnología, donde la gente usa su cuerpo para ganarse la vida, las cinturas son delgadas, los hombros son anchos y la grasa desaparece, especialmente en los chicos. El ideal estético griego valoriza el dimorfismo sexual y entonces la belleza del hombre se equipara a la de la mujer. Los genitales masculinos son delicadamente esculpidos a semejanza de la redondez de los pechos y las caderas femeninas. Cabe preguntarse cuál era el efecto estético de la Venus de Willendorf, esculpida en el Paleolítico en Austria, y el de cientos de Venus de Lespugue, estatuillas femeninas con pechos pesados y caderas anchas encontradas en los Pirineos y cerca del lago Baikal. ¿Las enormes mujeres de aquella época estaban sobrealimentadas? ¿Eran las paleoestatuas un símbolo de feminidad o de polimaternidad? También podemos pensar que, en todas las culturas, cada índice corporal se utiliza para alimentar una reflexión ideológica. La piel negra se convierte en la prueba imaginaria de la inferioridad intelectual, el pelo de las mujeres, la menstruación, sus pechos y la lactancia demuestran su animalidad. Su menor tamaño se explica hoy en día por la malicia de los hombres, que les impedían comer carne.[9] Hubo un tiempo en que el pelo rubio y los ojos azules eran una prueba de calidad biológica. Los Juegos Olímpicos se celebraron en Berlín en 1936 para mostrar al mundo la superioridad de los rubios.

---

9. Touraille, P., *Hommes grands, femmes petites. Une évolution coûteuse. Les régimes de genre comme force sélective de l'évolution biologique*, Éditions de la Maison des sciences de l'homme, París, 2008.

Los deportistas del Tercer Reich tenían la misión de llevar a cabo proezas físicas para validar las teorías racistas.[10]

---

10. François, C., «Sportifs et IIIe Reich, histoires de résilience», en B. Cyrulnik, P. Bouhours, *Sport et résilience*, Odile Jacob, París, 2019, págs. 153-172.

Tamaño de los niños y adversidad materna

El verdadero problema se plantea por la altura de los niños. Esta medida es un indicador fiable, barato y fácil de recoger que permite observar cómo se mantiene mejor o peor una promesa genética en función de las presiones químicas, educativas y simbólicas del entorno. El determinismo genético es indiscutible, pero varía según el entorno. La esperanza de vida de una rata es de 3 años, la de un gato en un entorno natural es de 10 años, pero en un apartamento puede superar los 20 años; una tortuga vive 80 años y un ser humano muere a los 30 años en una ecología difícil y a los 90 años en una sociedad tecnológica.

Los animales crecen hasta alcanzar el tamaño de sus padres. En los insectos, las hembras pueden ser cien veces más grandes que los machos, en las aves el dimorfismo sexual es difícil de ver, excepto en las especies en las que las plumas de colores designan a los machos, y en los mamíferos, los machos suelen ser más grandes que las hembras. En los seres humanos, cuya fórmula cromosómica es normalmente 46 XX para las mujeres y 46 XY para los hombres, ciertas anomalías alteran claramente el tamaño. Cuando hay un cromosoma adicional 47 XYY, el cromosoma Y extra (que sólo está presente en los hombres) da lugar a una gran talla. Los niños adoptados alcanzan una estatura más cercana a la de sus padres biológicos que a la de sus padres adoptivos, mientras que adquieren más bien el nivel intelectual de sus padres adoptivos. Los gemelos monocigóticos alcanzan la misma estatura, aunque se hayan criado por separado. En las niñas, el síndrome de Turner, en el que uno o dos cromosomas X están alterados, sólo les permite adquirir una altura de 1,40 metros. Y el síndrome de Marfan, que es altamente hereditario y afecta a ambos sexos, produce individuos muy altos. Todos estos datos sugieren que el determinismo genético existe, pero que no es suficiente para explicar las claras variaciones de talla.[11]

La diferenciación de las gónadas, que comienza ya en la segunda semana tras la fecundación, está fuertemente dirigida por las presiones del entorno. Pero este entorno está organizado a su vez por el modo de existencia de la madre.

Un ejemplo famoso es la hambruna durante el asedio de Leningrado (1941-1944), cuando, durante novecientos días, los ejércitos alemán y finlandés asediaron la ciudad bajo temperaturas de alrededor de -50°C. El mar Báltico congelado impidió que los alimentos llegaran por barco. Como sucedía en las épocas glaciales, la gente tuvo que alimentarse de la carne de otros seres vivos. Comieron primero perros, luego gatos y después cadáveres humanos conservados en hielo. Se estima que más de un millón de personas murieron de hambre. Pero también hubo 700 nacimientos de bebés que sobrevivieron a la inanición de su madre. El nicho uterino quedó fuertemente modificado por las dificultades de la madre, cuyas sustancias estresantes bañaron el líquido amniótico. Los bebés vinieron al mundo con poco peso y mostraron grandes dificultades de desarrollo. Cuando los suministros regresaron tras la rendición del ejército alemán, se reanudó el confort para las madres y el desarrollo de los niños, pero los bebés habían conservado una huella biológica de la infelicidad de su madre. Muchos de ellos tenían dificultades de aprendizaje, problemas de comportamiento y, en la adolescencia, se volvieron obesos.

---

11. Silventoineau *et al.* (2003) citado *en Croissance et puberté. Évolutions séculaires, facteurs environnementaux et génétiques*, informe, Inserm, París, 2007, pág. 70.

La explicación de la transmisión de estos trastornos se dio más adelante. En 1958, una cohorte de bebés ingleses cuyas madres habían sufrido estrés durante el embarazo padeció trastornos de desarrollo correlacionados con la metilación de su ADN.[12] En 1988, una tormenta de nieve en Quebec aisló sensorialmente a un pequeño grupo de mujeres embarazadas cuyos hijos desarrollaron una disfunción del hipocampo y tuvieron una adolescencia difícil.[13] La catástrofe natural había provocado una secreción de sustancias de estrés materno que habían atravesado la placenta, alterado la expresión del genoma, atrofiado las neuronas del anillo límbico y ralentizado el aprendizaje. Los recién nacidos padecieron biológicamente las dificultades de su madre, que habían alterado el nicho sensorial de los primeros meses en el útero. Las emociones tienen una esperanza de vida breve. Las sustancias del estrés se degradan rápidamente y la plasticidad del cerebro de los niños es tan grande que basta con reparar el entorno ayudando a la madre para que el niño vuelva a tener un buen desarrollo, aun manteniendo un rastro del trauma en la memoria, que es la definición de resiliencia. Pero cuando el entorno social queda congelado por una catástrofe económica o por prejuicios culturales, no funciona nada que permita que la madre se sienta segura. Las emociones, los factores de estrés y las agresiones cotidianas rodean continuamente al niño, que experimenta un desarrollo difícil, una adolescencia tormentosa y cambios somáticos.

Cuando las condiciones de vida diarias son difíciles porque el niño vive en un entorno en el que todo el mundo está en aler-

---

12. Nieratschker, V.; Massart, R.; Gilles, M., *et al.* «MORCI1 exhibits cross-species differential methylation in association with early life stress as well as genome-wide associations with MDD», *Trans. Psychiatry*, 4 (8), 2014, e429.

13. Moshe S., «The epigenetics of perinatal stress», *Dialogues in Clinical Neuroscience*, 21 (4), 2019, págs. 369-378.

ta máxima, el exceso de secreción de cortisol proviene de las relaciones inseguras. Cuando un niño está en alerta máxima porque se encuentra solo en el mundo, abandonado, cada acontecimiento cotidiano es un estrés para él, que le agota y frena su crecimiento.

Recuerdo la consulta en el hospital de Goma (Congo), donde tuvimos que acoger a madres jóvenes con el bebé que habían dado a luz tras una violación. Tenían entre 13 y 15 años, llevaban bonitos vestidos y coloridos *bubús*, pero sus rostros oscuros expresaban su miseria. Respondían a todas nuestras preguntas con algunas frases estereotipadas de su cultura: «Dios puso este niño en mi vientre, yo lo cuidaré». Pero estas palabras estaban disociadas de su realidad emocional. Abatidas por la desgracia, no tenían fuerzas para cuidar al bebé ni sentían placer al cuidarlo, sin familia o con una familia traumatizada. El pequeño no estaba seguro en este lúgubre nicho sensorial que no respondía a sus demandas, expresadas con gritos y retozos. Acababa apagándose y entonces, al no llorar ni expresar nada, nadie se daba cuenta de que se estaba deshidratando. Sin embargo, algunas de las muchachas violadas habían conservado su vitalidad y a veces también su rabia les permitía vivir en medio de la desesperación. Pudieron ofrecer a sus bebés un nicho sensorial suficiente para desarrollarlo bien en contacto con una madre que, sin embargo, es muy agresiva.

La estructura de una civilización organiza el entorno que estimula o frena el desarrollo orgánico. En 1850, la primera menstruación aparecía de media a los 17 años. En 1950, aparecía a los 13. Hoy en día, se observan las mismas diferencias, esta distribuidas geográficamente: los niños del norte y el este de Francia son más altos y pesados que los del suroeste. No es el clima lo que marca la diferencia, sino la industrialización: «Desde el siglo XIX, los países europeos han experimentado un crecimiento y un desarrollo más rápidos, una mayor altura media y una maduración más temprana.¹⁴ En París, las chicas maduran antes que en el Sur. En el Este, tienen más sobrepeso que en París, pero no se puede establecer una única causalidad, porque tanto en París como en el Este las hijas de padres pobres tienen una pubertad adelantada porque comen alimentos industriales y la grasa del sobrepeso aumenta la secreción de hormonas femeninas. En México, Sudamérica y Europa Central, las hijas de padres pobres son más pequeñas y no tienen sobrepeso porque su entorno cultural no les permite siquiera comprar alimentos industriales. En Colombia o en las favelas brasileñas, se es pequeño, pobre y delgado porque se come lo que se puede. Mientras que en Estados Unidos o Alemania, los hijos de los pobres tienen baja estatura, un enorme sobrepeso y una pubertad femenina precoz.¹⁵

Para integrar estos datos dispares y, a veces, contradictorios, tenemos que practicar el pensamiento probabilístico y abandonar las explicaciones de causa única. Los alimentos industriales reducen la calidad del esperma y de los ovocitos.¹⁶ Los disruptores endocrinos son señuelos que ocupan el lugar de las hormonas reales y provocan trastornos del sistema reproductor: criptorquidia, hipospadias en los niños, pubertad precoz en las niñas. Los bisfenoles presentes en los envases de plástico, las monturas de gafas y los biberones aceleran la pubertad en las niñas y reducen los niveles de testosterona en los niños.

---

14. Bodzsar, E.; Susanne, C., «Secular growth changes in Europe» (1998), citado en *Croissance et puberté. Évolutions séculaires, facteurs environnementaux et génétiques*, informe, Inserm, París, 2007, pág. 18.

15. Zellner, K. *et al.*, «Height, weight and BMI of schoolchildren in Jena, Germany - Are the secular changes levelling off?», *Econ. Human Biol.*, 2 (2), 2004, págs. 281-294.

16. Grieger, J. A. *et al.*, «Pre-pregnancy fast-food and fruit intake is associated with time to pregnancy», *Human Reproduction*, 33(6), 2018, págs. 1063-1070.

La relación del cerebro con su entorno emocional y social desempeña un papel importante en la configuración de la pubertad.[17] Cuando un niño ha desarrollado vínculos inseguros con sus cuidadores, se siente vulnerable, experimenta cada encuentro y cada acontecimiento como una agresión. Esto explica que, al estar en constante alerta, segregue demasiado cortisol, lo que retrasa su pubertad. Pero una hija de padres pobres, en un país rico, no permanece en estado de alerta. Se vuelve obesa porque come mal, no se mueve, ve la televisión y va a la escuela. Deja de crecer unos meses después de tener la menstruación.

En los países en guerra, casi todos los niños experimentan un alto grado de alerta sobre un fondo de ansiedad difusa. En este contexto, a todas las niñas se les retrasa la pubertad, como se ha podido evaluar en Croacia y en Bosnia.[18] Cuando el país está en paz, la diferencia es clara, los hijos de padres ricos son más altos que los hijos de padres pobres, la diferencia es de 8 a 9 centímetros de media. Además de la nutrición, los hijos de padres ricos tienen más años de escolaridad. Las niñas con pubertad tardía siguen creciendo y, mientras permanecen en la escuela hasta los 25 años, sus cartílagos se calcifican lentamente, permitiendo que sus piernas se alarguen. Las hijas de padres ricos crecen altas, delgadas, con piernas largas y estudios elevados.

---

17. Delfosse, V. *et al.*, «Synergistic activation of human pregnant X receptor by binary cocktails and pharmaceutical and environmental compounds», *Nature*, 6, septiembre de 2015.

18. Pacak, K.; Palkovits, M., «Stressor specificity of central neuroendocrine responses: Implication for stress-related disorders», *Endocr. Rev.*, 22(4), 2001, págs. 502-548.

Estatura, sexo y desarrollos

Los niños de estos entornos experimentan la misma evolución, pero con dos años más de retraso respecto de las niñas. De acuerdo con este razonamiento «ecogenético»[1] los metabolismos y las morfologías son modificados por las organizaciones sociales. El hecho de que la pubertad de los niños aparezca más tarde que la de las niñas planteará un enorme problema antropológico para la próxima generación. Hasta los 10 años, hay poco dimorfismo en las formas corporales. La distinción entre quienes tienen pene y quienes no lo tienen crea el problema edípico, pero los cuerpos de los niños y las niñas siguen pareciéndose. Entre los 10 y los 12 años, las niñas son más altas y pesadas que los niños,[2] pero como son menos agresivas, no aprovechan esta ventaja física. La menstruación se adelanta o se retrasa en función del bolsillo de los padres, pero en general, cuando una chica llega a los 18 años, es una joven madura que elige una carrera y planifica su vida. Su desarrollo neuropsicológico está completado y su fatiga de crecimiento ha terminado.

Los chicos, más pequeños y combativos a los 12 años, exasperan a las chicas: «Los chicos son estúpidos». A esta edad, tienen uno o dos años de retraso neuropsicológico, lo que es enorme

---

1. Mutanski, B. S.; Viken, R. J. *et al.*, «Genetic and environmental influences on pubertal development: Longitudinal data from Finnish twins at ages 11 and 14», *Dev. Psychol.*, 40(6), 2004, págs. 1188-1198.

2. *Croissance et puberté. Évolutions séculaires, facteurs environnementaux et génétiques*, informe, Inserm, París, 2007, pág. 12.

desde el punto de vista académico. En clase, les cuesta mantenerse en su sitio, mientras que la estabilidad emocional de las niñas es un factor de atención que conduce a los buenos resultados escolares. En las consultas de psiquiatría infantil, hay una gran mayoría de niños pequeños agitados, pendencieros y con dificultades de concentración. Las chicas consultan más tarde, después de la pubertad, cuando empiezan a tener más preocupaciones. Una ansiedad elevada es un sufrimiento que paraliza el intelecto, pero un temperamento inquieto las lleva a poner en marcha los mecanismos de defensa habituales que controlan la ansiedad.[3] Su regularidad más meticulosa les permite planificar su trabajo escolar y su vida cotidiana. Su búsqueda de apoyo en su madre, sus profesores y su «mejor amiga»[4] hace que las niñas sean de trato más agradable y que resulte más fácil ayudarlas cuando lo necesitan. Este proceso relacional apacible les permite sentirse apoyadas y trabajar mejor en la escuela.

Después de los 12 años, los niños recuperan su retraso en el crecimiento y superan en talla a las niñas. Cuando se llevaron a cabo las primeras mediciones en 1914, los hombres jóvenes eran 12 centímetros más altos que las mujeres. Hoy en día, en Occidente, las chicas han crecido mucho, y los chicos aún más, ya que son 18 centímetros más altos que las chicas. ¿Es la altura un beneficio adaptativo? El Sr. Neandertal, con sus 1,60 metros de altura, mataba mamuts y rinocerontes lanudos. Creo que hoy en día un chico de 1,90 metros, bien educado y buen estudiante, tendría dificultades para conseguir este rendimiento. El tamaño no es un beneficio adaptativo, ya que las especies grandes son fácilmente eliminadas por los cambios ambientales. Lo que se adapta hoy día es la escuela. La nueva aristocracia es la de los

---

3. Ionescu, S.; Jacquet, M.-M.; Lhote, C., *Les Mécanismes de défense. Théorie et clinique*, Armand Colin, París, 2016.

4. Rimé, B., *Le Partage social des émotions*, PUF, París, 2009, págs. 139-142.

diplomas. Atrás quedaron los días en que la «sangre azul» de los aristócratas legitimaba sus guerras de conquista. Se acabaron los días en los que el hijo se hacía cargo de la tierra, el taller o la tienda de su padre. La transmisión del acceso al poder se hace mediante el diploma, sabiendo que un hijo de padres ricos tendrá mejores condiciones para estudiar, una vivienda mayor, las escuelas más cerca y una estabilidad que le permitirá conseguir el éxito. El hijo de un rico no está robando cuando aprueba los exámenes, pero es la cartera de sus padres la que le ha dado las condiciones de trabajo que le conducen al éxito. Las niñas se ven favorecidas por esta organización social que facilita el acceso al poder a través de los diplomas. A los 17 años, las chicas han dejado atrás su fatiga de crecimiento, dejan de crecer, están estables y motivadas. Los chicos a los 17 años se encuentran en plena fatiga de crecimiento, ya que siguen creciendo hasta los 21 años. Durante este período, alternan momentos de hipersomnia con ráfagas de excitación motora. Este modo de vida no mejora sus resultados escolares. Como sienten menos ansiedad adaptativa que las chicas, son demasiado confiados y prefieren bromear con sus amigos o burlarse de las chicas que aislarse con sus libros. ¿Explica esto por qué, en todos los países del mundo, incluso entre los hijos de inmigrantes, las niñas obtienen mejores resultados en la escuela? Las niñas asiáticas son las que más éxito tienen entre los hijos de inmigrantes.

La menarquia, la primera menstruación, es un rito de paso para las niñas. Significa, entre las mujeres: «A partir de ahora ya no eres una niña». Esto es lo que se les decía a los chicos tras ponerlos a prueba mediante un ritual: «Has vencido a la muerte sufriendo un dolor físico. Llevando a cabo una danza mágica, has expulsado a los espíritus del bosque. Desde hoy estás iniciado, tu palabra desde ahora será la de un hombre». A diferencia de la maduración de las niñas, los puntos de referencia para la maduración de un niño son progresivos: primero unos pelos bajo la nariz, luego el descenso de los testículos y, finalmente, un cambio de voz. También en ellos, la organización social ha modificado el metabolismo de la testosterona, del que la voz es un buen marcador. Hoy en día, el cambio se produce en torno a los 14 años, mientras que en sus abuelos aparecía en torno a los 17 años. No es necesario medir la testosterona, basta con saber que los directores de coro tienen dificultades para encontrar sopranos para saber que los chicos tienen una pubertad más tardía que las chicas, aunque más temprana que sus mayores. Todo se complica cuando nos enteramos de que la voz de las mujeres también se vuelve grave.[5] Las hormonas femeninas ensanchan las caderas, hacen más pesados los pechos y engrosan las cuerdas vocales de las jóvenes. Las mujeres que conservan su voz de niña son cada vez más escasas.

La música de las palabras es socializadora: ¿por qué nuestra voz consigue imitar la prosodia de las personas del grupo al que pertenecemos, hasta el punto de darnos el acento de la región, la firma vocal de nuestra pertenencia? Las neuronas espejo desempeñan ciertamente un papel.[6] Cuando las mujeres oyen hablar a una mujer a quien admiran porque ha ocupado un puesto de responsabilidad o porque tiene un talento literario o científico, la voz de las mujeres de este grupo tiende a ser tan grave como la de la mujer admirada. Parecerse a quien se admira es un proceso de identificación respetable, pero también es lo que establece la rivalidad mimética[7] en la que se entra en competencia con el (la) que desea el mismo objeto que nosotros.

En definitiva, el desarrollo de los niños es más difícil que el de las niñas. Empiezan más tarde, más lentamente, con más dificultades, y en la escuela abandonan fácilmente. La adolescen-

---

5. Abitbol, J., *Voix de femme*, Odile Jacob, París, 2019.

6. Rizzolatti, G.; Sinigaglia, C., *Les Neurones miroirs*, Odile Jacob, París, 2008.

7. Girard, R., *La Violence et le Sacré*, Grasset & Fasquelle, París, 1972.

cia sólo existe en las culturas en las que hay espacio para seguir desarrollándose. En los países pobres, los niños se lanzan a la aventura social a una edad muy temprana, las niñas en casa, los niños en la escuela o en la mina. Pero en los países donde se tarda mucho tiempo en aprender un oficio las chicas se independizan a los 24 años y los chicos a los 26. La personalidad ya está definida, los estudios terminados, las niñas se las han arreglado bien. Pero en nuestra cultura la edad de la maternidad llega muy tarde, casi a los 31 años. Las mujeres descubren entonces un nuevo objeto que acapara sus esfuerzos y dirige su inversión emocional: el bebé. Sobre todo porque, durante el primer embarazo, el cerebro de las mujeres experimenta una poda sináptica, que demuestra que procesan la información más rápidamente con un menor coste energético.[8]

La cultura empresarial acoge a estas jóvenes con reticencia. Mientras tanto, entre los 25 y los 30 años, los varones van recuperando su retraso neuropsicológico y, cuando se convierten en padres entre los 30 y los 35 años, la cultura empresarial les acepta fácilmente porque la llegada de un hijo les hace sentirse más responsables y tranquilos, lo cual les ayuda a ocupar su lugar. La maternidad satisface el sentimiento de ser mujer pero dificulta la socialización. La paternidad, en cambio, proporciona un marco a los jóvenes y facilita su aceptación social. La aventura de los sexos, como siempre, sigue siendo asimétrica.

---

8. Barba-Müller, E.; Craddock, S.; Carmona, S.; Hoekzema, E., «Brain plasticity in pregnancy and the post period: Links to maternal caregiving and mental health», *Archives of Women's Mental Health*, 22 (2), 2019, págs. 289-299.

Sociedad y fertilidad

En nuestra nueva cultura técnica y moral, las palabras «madre» y «padre» ya no designan el mismo estatus parental. Las madres son mayores, más educadas y más independientes. En cuanto a los padres, ya no son adorados como héroes en el trabajo, puesto que ya no son los únicos en «ganarse el pan». Su valor en la mina ya no justifica la dureza paterna. Los niños que vienen al mundo hoy en día reciben la impronta de un entorno temprano muy diferente al de sus padres. El nicho sensorial de los primeros mil días, desde la fecundación hasta el inicio del habla, está estructurado por una madre activa y tranquilizadora y un padre mucho más afectuoso. Las dos figuras de fijación son cada vez menos distintas. Organizan en torno al niño un nuevo nicho sensorial que esculpe diferentes cerebros, estimula habilidades relacionales inesperadas y jerarquiza los valores morales modernos.

Este nuevo nicho ecológico que rodea a cada bebé se amplía a medida que el niño crece. El embrión comienza su existencia en un pequeño útero empapado de fluidos filtrados por la placenta. Cuando la madre está en paz, estos productos biológicos son suficientes para un desarrollo adecuado. Pero cuando está en alerta a causa de una historia difícil, un marido violento o su precariedad social, esa existencia le hace segregar demasiadas sustancias de estrés que empapan el tejido uterino y debilitan la implantación del embrión.

Cuando el óvulo fecundado es portador de una fragilidad cromosómica, no se adapta bien al tejido uterino, aunque su

161

entorno sea perfecto. Éste es el caso de la mayoría de los abortos espontáneos. Desde las primeras divisiones celulares, existe una transacción entre lo que son las células (anomalías XX, XY o XYY, XXX, etc.) y lo que constituye su entorno precoz (hormonas, sustancias nutritivas o tóxicas). Todas las formas de existencia son el resultado de una transacción entre el organismo receptor y las presiones del entorno. La fertilidad no consiste únicamente en la fusión de dos células, esto no es suficiente, ya que el cerebro de los progenitores, su historia y su cultura participan de ella.

Los cambios en la civilización están alterando el deseo de tener hijos y el significado que se les atribuye. Desde que la religión tiene menos peso en la organización de las sociedades occidentales, las mujeres tienen menos hijos. El acto sexual ha perdido la función sagrada de traer al mundo un alma para adorar a Dios, así como la función social de dar a luz un niño para ir a la guerra o a las minas. En 1947, una mujer tenía entre tres y cuatro hijos, en 2020 se conforma con 1,87. Desde que el individuo, y no el grupo, se ha convertido en un valor en nuestra cultura, las mujeres quieren desarrollar y controlar su fertilidad. Estudian, aprenden un oficio que les aporta mayor dignidad e independencia, pero después de haber estudiado, encontrado una profesión y un cónyuge, tienen casi 31 años cuando dan a luz a su primer hijo. Una mujer de 20-25 años es mucho más fértil que una de 31. Como los hombres también empiezan a emparejarse más tarde, y el carácter sedentario de los trabajos modernos hace que tengan que trabajar sentados, sus testículos se mantienen calientes entre los muslos, donde los espermatozoides duermen la siesta, mientras que necesitan aire fresco para estar despiertos. La edad, la inmovilidad y las sustancias tóxicas producidas por nuestra industria hacen que la fertilidad masculina disminuya. Resultado de esta convergencia de varios determinantes: el 20% de las parejas consultan al médico por infertilidad tras un año de relaciones sexuales.[1] Después de los 30 años, la fertilidad de las mujeres disminuye rápidamente: «Si se espera demasiado tiempo para ser madre, una mujer corre el riesgo de no llegar a ser madre... El genoma de los espermatozoides fragmenta su ADN, lo que incrementa los abortos».[2] Los accidentes de la maternidad ya no se interpretan como cuando el estereotipo cultural atribuía la infertilidad de una mujer a la supuesta mala calidad de su cuerpo. Los descubrimientos científicos están alimentando un nuevo discurso: en un tercio de los casos son los ovocitos los que no pueden; en un tercio de los casos, los espermatozoides no son lo suficientemente fuertes; y en el último tercio, los ovocitos de la mujer no se llevan bien con los espermatozoides del hombre, ya que cada uno de ellos podría hacer un hijo con otra pareja.

Cuando estaba prohibido el aborto y se abandonaba a las mujeres a su suerte, la principal causa de infertilidad era el daño al sistema reproductivo, la infertilidad tubárica. Hoy en día, las principales causas son el tabaco, el cannabis, la obesidad y la edad, a las que hay que añadir las dificultades emocionales. El reciente desarrollo de la endometriosis hace que una de cada diez mujeres la sufra.[3] Se ha establecido una correlación entre el sufrimiento uterino y el abuso infantil, en el que la violación de niñas pequeñas no es infrecuente.[4] Incluso cuando no hay

---

1. Papon, S.; Beaumel, C., «Bilan démographique 2017. Plus de 67 millions d'habitants en France au 1er janvier 2018», *Insee Première*, n° 1683, enero de 2018.

2. Rossin, B., «L'épidémiologie de la fertilité; les grandes révolutions de ce demi-siècle», *Sexologies*, 29 (1), 2020, págs. 12-20.

3. Ozkan, S, *et al.*, «Endometriosis and infertility: Epidemiology and evidence-based treatments», *Ann. NY Acad. Sci.*, 1127, 2008, págs. 92-100.

4. Liebermann, C.; Kohl Schwartz, A. S. *et al.*, «Maltreatment during childhood: A risk factor for the development of endometriosis?», *Hum. Reprod.*, 33 (8), 2018, págs. 1449-1458.

daños anatómicos aparentes, una niña violada adquiere una representación se sí misma alterada. El desequilibrio hormonal causado por las sustancias del estrés altera las células sensibles del endometrio, el revestimiento del útero donde se implanta el óvulo fecundado.

En cincuenta años, la revolución cultural ha favorecido la aparición de nuevas estructuras sociales. Los cuerpos de las mujeres ya no funcionan de acuerdo con sus ritmos biológicos espontáneos. Estas alteraciones explican y legitiman el desarrollo de la reproducción asistida, gracias a la cual la sociedad cura lo que ella misma ha provocado. Como la función de la sexualidad ya no es traer almas al mundo para adorar a Dios, producir linajes de pudientes, trabajar y hacer la guerra, la llegada de un bebé ha adquirido un significado distinto. El recién nacido trasciende a la pareja, aumenta su solidaridad afectiva y satisface el deseo de tener un hijo. Por lo tanto, hay muy poca diferencia entre la sexualidad heterosexual y la homosexual. Todas las parejas, independientemente del sexo de los miembros, se aman, quieren vivir juntas y, si es necesario, piden a la medicina que satisfaga su deseo de tener un hijo. Esto es posible para las mujeres solteras, ya que tener un hijo se ha convertido en un logro personal y ya no es una necesidad social. Los hombres solteros, en cambio, tendrán que conformarse con la adopción, que llevan a cabo con menos frecuencia.

Dar a luz a un hijo es sobre todo un deseo femenino que los hombres comparten cuando viven con una mujer. En los últimos años ha surgido un fenómeno inesperado: algunas mujeres desean no dar a luz nunca. Recuerdo algunas pacientes peleonas y bien socializadas que sufrían ataques de ansiedad en cuanto se enamoraban. Me contaban que nunca se habían imaginado embarazadas y que les asustaba esta representación de sí mismas: «Me va a reventar la barriga... No voy a poder soportar la sensación de un ser vivo pululando dentro de mi cuerpo». Para los hombres, el deseo de tener hijos toma la forma de una representación diferente, sueñan con un hogar con esposa e hijos, no necesitan imaginarse el embarazo y la maternidad. Como las mujeres tienen menos trabas, los hombres ya no se sienten obligados a trabajar para ellas. Prefieren permanecer solos, lo que les permite socializarse con un menor coste. En Japón, esta adaptación al nuevo estatus de la mujer se ha convertido en un hecho social: el 30% de los hombres menores de 30 años evitan los encuentros sexuales para no ser esclavizados por una mujer: «Si por desgracia la quiero, ¿qué me exigirá?». Estos hombres se aíslan, corren las cortinas, compran distracciones electrónicas que les permiten evitar los encuentros afectivos y las relaciones sociales que les provocarían ansiedad. Libres, libre al fin. Y solos.

Este fenómeno aparece en Estados Unidos, donde tiende a afectar a los hombres desclasados. Con edades comprendidas entre los 40 y los 60 años, sin cualificación profesional, sin trabajo, sin familia y sin hijos, se reúnen para tomarse unas cervezas. No tienen nada que decir porque no han vivido nada. Por la noche, ingieren opiáceos hasta que les llega la tentación de suicidarse.

En Europa y Canadá, la llegada de la paternidad ya no tiene el mismo significado que hace dos generaciones, cuando la cultura «colocaba al hombre en el papel de proveedor y a la mujer en el de cuidadora».[5] Hoy en día, las mujeres salen por la mañana y la pareja lleva a casa la comida de la noche. Los padres occidentales se ocupan de los niños y se implican más en las tareas domésticas. Cuando los roles de los padres estaban bien definidos, ofrecían a los niños identificaciones claras y abusivas. Siempre menciono el caso de los mineros de Gardanne, cerca de Marsella, que tenían que cargar quince vagones al día para que sus esposas pudieran comprar lo necesario para

---

5. Deslauriers, J.-M.; Tremblay, G. et al. (dirs.), *Regards sur les hommes et les mas-culinités. Comprendre et intervenir*, Presses de l'Université de Laval, Quebec, 2011, pág. 420.

el hogar. Aquellos hombres estaban orgullosos de ganarse la vida en condiciones físicas muy duras y de dárselo todo a sus esposas. Pero cuando les dolía la espalda o los brazos no podían cargar las suficientes paladas y los niños no tenían nada que comer al día siguiente, entonces los padres se avergonzaban. Una vez cité este ejemplo en un curso universitario en el Hospital Georges-Pompidou de París. Desde el público, una enfermera estalló: «Este machismo es insoportable». Tras la conferencia, una joven doctora me acompañó a la salida: «¿Por qué has contado un ejemplo tan excesivo?». Me lo preguntó amablemente. «Nunca has conocido a hombres así», respondí. Vaciló durante unos segundos, buscando entres sus recuerdos memoria: «Sí... Mi padre». Aquel breve intercambio me hizo ver que muchos hombres habían utilizado su duro trabajo para legitimar su dominio: «Tú no puedes cargar quince vagones al día, así que cállate». Cuando las máquinas sustituyeron a los brazos de los hombres, este discurso se convirtió en el equivalente a de los colonizadores que les traían buenas medicinas y buenos ferrocarriles a los pobres indios. El hecho era real, se necesitaba cierta competencia para instalar ferrocarriles en África, pero lo que sometía a las mujeres y aplastaba a los africanos no era el hecho en sí, sino su uso para establecer una relación de condescendencia o desprecio. El padre de la enfermera se sentía con derecho a silenciar a su familia, mientras que el padre de la joven doctora había trabajado duramente para dar a su hija la oportunidad de estudiar. El mismo hecho se había cargado con una significación distinta en diferentes relaciones familiares.

El trabajo adquiere una función diferente según el nivel económico. En un entorno de salarios elevados, los hombres y las mujeres reciben una educación que, en nuestra cultura, permite acceder a buenos puestos de trabajo. Viven en barrios donde las viviendas son cómodas, las escuelas no están demasiado lejos y muchas mujeres que ejercen profesiones relacionadas con la primera infancia están contentas de ganarse la vida modestamente cuidando a los niños de otras personas. En estos entornos acomodados y educados, la paridad es casi un hecho: se planifica, se comparten las tareas y los niños están rodeados de un sistema familiar de vínculos múltiples en el que se desarrollan bien.

En los entornos pobres, «los roles parentales siguen siendo más tradicionales, los padres asumen más el papel de proveedores y las madres el de cuidadoras».[6] Cuando llega un niño en una pareja así, la madre, que gana poco haciendo un trabajo ingrato, tendría que gastarse su sueldo para pagar una niñera. Muy a menudo, opta por dejar de trabajar para cuidar de su bebé y de su marido. En estos entornos, la disparidad es una adaptación a las limitaciones educativas y económicas. Esta diferencia de socialización no es una humillación para estas mujeres, ni es machismo por parte del marido.

---

6. Devault, A., «Contexte et enjeux de la paternité au Québec», en J.-M. Deslauriers, G. Tremblay *et al.* (dirs.), *Regards sur les hommes et les mascu-linités, op. cit.*, pág. 221.

Los nuevos padres

En conjunto, se pueden distinguir tres tipos de arreglos en la pareja, en los que el padre ocupa un lugar diferente.

- El padre tradicional que proporciona el pan y establece pocas relaciones afectivas con sus hijos. Este padre aporta seguridad por su papel social pero causa angustia por su falta de relaciones afectivas.
- En el mundo de los salarios elevados, el padre y la madre se aplican a conseguir la paridad, a compartir el afecto y la distribución de tareas facilitada por el uso de asistentes familiares.
- Recientemente ha aparecido un tercer tipo de padre. Es el que sigue siendo proveedor y asume el papel de ayudante de la madre en el hogar.[1]

La estructura de estos hogares está determinada por el nivel económico de los padres tanto como por sus personalidades o la historia familiar. Es en este nicho emocional, conductual, económico e histórico donde el niño tendrá que desarrollarse. La palabra «padre» designa una función masculina sorprendentemente diferente según el contexto. A veces es un tirano doméstico, a veces un representante de Dios o del Estado en la familia,

---

1. Quéniart, A., «A profile of fatherhood among young men: Moving away from their birth family and closer to their child», *Sociological Research Online*, 9 (3), 2004, págs. 227-243.

a veces es el socio de la madre, y a veces es el ayudante de la madre. Desde los años 1970, el nuevo estatus de la mujer ha provocado un cambio en los roles paternos. El sujeto «padre» es el resultado de mil presiones heterogéneas, biológicas (XY), evolutivas (niño seguro o no seguro), históricas (padre héroe venerado o tirano odiado) y económicas (padre extraño en su casa o ayudante de la madre). Hay una especie de verdad maternal cuando el niño se desarrolla con referencia al cuerpo materno, cuya impronta recibe, mientras que sólo tiene una representación paterna, una convergencia de relatos colectivos e íntimos. Una madre trae a un niño al mundo y le da el impulso vital. Cuando ella no está, el niño se apaga. Luego el padre lanza a su hijo a la aventura social.[2] La falta de una madre es imposible, está en juego el pronóstico vital cuando no le ofrecemos al niño su madre o un sustituto emocional. Sin un padre, un niño puede vivir, pero no sabe a dónde ir.

Cuando el padre y la madre eran cazadores-recolectores, los hijos veían a los padres cazar y recolectar. Cuando los padres se convirtieron en agricultores en el Neolítico, los hijos les acompañaban al campo. En la era industrial, el padre desaparecía por la mañana y volvía a casa por la noche para ser servido, temido y venerado. Hoy en día, en muchos hogares, ambos padres desaparecen por la mañana, delegan su poder protector y educativo en un trabajador de la primera infancia, y luego regresan por la noche para el estímulo emocional y el duro reparto equitativo del hogar.[3] Según relatos del medio, un padre puede ser admirado cuando caza, adorado como un

---

2. Lecamus, J., «La place du père dans la théorie de l'attachement», en D. Cupa (ed.), *L'Attachement. Perspectives actuelles*, EDK, 2000, págs. 58-68.

3. Lamb, M. E., «The history of research on father involvement: An overview», *Marriage and Family Review*, 29 (2-3), 2000, págs. 23-42. Lamb, M. E., *The Role of the Father in Child Development*, John Willey and Sons, Nueva York, 2003.

héroe cuando va a la guerra o a la mina, odiado cuando aterroriza a su hogar, y muerto de hambre cuando nadie habla de él, cuando va a trabajar quién sabe dónde, hace quién sabe qué, y vuelve de la nada. Desde la década de los setenta, la cultura pone en escena al padre como cuidador. Películas,[4] novelas y periódicos, sobre todo femeninos, arrojan luz sobre este padre que ayuda a la madre. El estudio científico de esta nueva paternidad es difícil porque hay muchas variables, pero se puede argumentar que el padre todopoderoso prácticamente ya no existe, que el padre violento está criminalizado y que el padre ayudante de la madre ocupa el lugar que puede sin que aún sepamos evaluar los efectos que esto tiene.

Algunas observaciones sugieren otra hipótesis. El mejor apoyo para el desarrollo de un niño no es la diferencia entre un hombre-mujer, que percibe con claridad, sino el entendimiento y la armonización de la pareja que estructura el nicho de los primeros meses. Nuestra cultura occidental, al endiosar a la madre, la convirtió en prisionera de la maternidad. Una observación experimental puede estudiar las interacciones de la tríada madre-padre-bebé.[5] Con un juego de espejos se filma a los tres *partenaires* cara a cara en situaciones de juego e intercambios verbales. Estos pequeños escenarios familiares revelan cosas que no sabíamos que estábamos viendo. El 30% de las parejas parentales presentan dificultades. Cuando los padres abrumados expresan tristeza, el bebé muestra retraimiento, sobresalto e irritabilidad.[6] A los pocos meses de edad, el bebé aún no entiende las palabras, pero percibe claramente la abrumadora

---

4. *Kramer contra Kramer*, película de Robert Benton, 1979.

5. Fivaz-Depeursinge, E.; Corboz-Warnery, A., *Le Triangle primaire. Le père, la mère et le bébé*, Odile Jacob, París, 2001.

6. Tamminen, T.; Puura, K., «Infant/early years mental health», en A. Thapar *et al.* (eds.), *Rutter's Child and Adolescent Psychiatry*, Wiley-Blackwell, Oxford, 2015, págs. 84-87.

sensorialidad de los padres. La expresión de las emociones de los padres le afecta. Cuando este tipo de relación se mantiene, el niño acaba desarrollando un estilo relacional de retraimiento, sobresalto y actividad centrada en sí mismo.[7] El sufrimiento de los padres ha hecho que el niño desarrolle un estilo de socialización difícil.

Desde hace varias décadas, las depresiones maternas van en aumento:[8] el 20% de las madres jóvenes están deprimidas. Las cifras varían enormemente (del 10 al 40%) según los antecedentes de la madre, las relaciones familiares y, sobre todo, el agravante de la inseguridad social. Cuando un bebé sano expresa sus necesidades, si la madre está agotada, siente que sus exigencias son insoportables. Responde tarde o con exasperación. Estas interacciones alteradas son claramente percibidas por el bebé, que no está seguro. Las peticiones del bebé se vuelven torpes, lo que agrava el agotamiento de la madre, cuyas respuestas mal adaptadas aumentan la inseguridad del bebé.[9]

Cuando todo va bien, un bebé duerme entre diecisiete y dieciocho horas al día durante los primeros meses. Su ritmo de sueño-vigilia debe adaptarse al de sus padres. Las respuestas tranquilizadoras de ellos acaban sincronizando el ritmo del niño con el de los adultos. Hay diferencias individuales según la maduración del cerebro del niño y el estado mental

---

7. Guedeney, A. *et al.*, «Social withdrawal behavior in infancy: A history of the concept and a review of published studies using the alarm distress baby scale», *Infant Mental Health Journal*, 34 (6), 2013, págs. 516-531.

8. Sutter-Dallay, A.-L., *Impact des syndromes dépressifs maternels post-nataux pré-coces sur le développement cognitif et moteur du nourrisson*, tesis de psicología, Universidad de Burdeos-II, 2006. Y Tychey C. de, Spitz E. *et al.*, «Prévalence de la dépression prénatale et stratégies de *coping*», *Neuropsychiatrie de l'enfance et de l'adolescence*, 52 (5), 2004, págs. 261-265.

9. Mikoajczak, M.; Roskam, I., *Le Burn-out parental. L'éviter et s'en sortir*, Odile Jacob, París, 2020.

de los padres. Aplicando esta observación triádica a los primeros días de vida, podríamos observar cómo se produce una pareja en torno al recién nacido. Lo que estructura el entorno sensorial precoz es la articulación de los mundos mentales de los padres.

Recuerdo una observación realizada en el hospital de La Seyne-sur-Mer en la que pedí a los obstetras que se limitaran a anotar la primera frase pronunciada cuando el recién nacido era presentado en el triángulo parental. Cuando el padre entra a conocer a su bebé, se dicen algunas palabras. La mayoría de las veces, son palabras de ilusión, de bienvenida y de filiación. Oímos decir: «Qué mono es», luego: «Bienvenido a los Dupont», y finalmente: «Se parece a su padre... a mi padre... a tu abuela», a quien sea, lo importante es introducirlo en un linaje.

A veces estas palabras revelan que la tríada se organizará de forma discordante: «Vete, déjanos solos», dice una madre a su marido, que da media vuelta. Podemos prever que esta madre se ocupará de su hija, quien tendrá dificultades para descubrir a su padre. ¿Por qué la madre no ha querido compartir a su bebé? ¿Por qué el padre no ocupó su lugar? La explicación probablemente esté en la historia de cada uno de los padres, que ha asignado un significado particular al bebé. «La quiero toda para mí», habrá pensado su madre. El marido, al ceder, permitió que se formara un campo emocional alrededor del niño, en el que éste recibió la huella de la madre y la sombra del padre.

En otra tríada la madre le dice a su marido: «Lo siento... te he dado una hija». Al expresar así su propia representación de ser una mujer y su culpabilidad por no haber ofrecido a su marido un varón, esta mujer proporciona una pista sobre lo que organizará el entorno temprano del bebé, como si hubiera dicho: «Los hombres son el primer sexo, nosotras sólo somos mujeres».

La mayoría de las veces, la observación triádica registra una gran alegría entre los partenaires. El intercambio de palabras

173

es una pista valiosa para la armonización de los mundos mentales de ambos padres. El bebé está así rodeado de palabras que, en esta etapa de su desarrollo, son objetos sensoriales portadores de afectividad: prosodia dura, prosodia divertida, prosodia tierna, las palabras tienen una función afectiva mucho más que informativa. Cuando los mundos mentales de ambos padres se armonizan mediante intercambio de palabras, el bebé adquiere un ritmo alternante que puede observarse en las grabaciones. Cuando la madre habla, el bebé, muy interesado, observa atentamente el flujo de su habla, su mímica facial y sus gestos, que componen para él un objeto multisensorial. Luego, cuando es el turno del padre y la madre le deja hablar, es otro objeto sensorial, con un sonido más grave, otras mímicas, otros gestos que dejan su huella biológica en la memoria del bebé.

Unos años más tarde, cuando el niño responda a los test de apego,[10] dirá: «Me gusta hablar mucho con mis padres, confiar en mi madre, pedir consejo a mi padre», revelando con estas frases que ha adquirido el apego seguro que da confianza y dinamiza las relaciones. La niña cuya madre le dice al padre «vete... déjanos en paz» no habrá adquirido una fuerte impronta del padre, y quizás también habrá adquirido una impronta demasiado fuerte de la madre que tenía el monopolio del apego. La niña traducirá esta impresión diciendo: «Mi madre siempre me ha asfixiado... Me cuesta ser yo misma». La madre verá en esta frase una injusticia: «¡Yo, que lo hice todo por ella!». Ambas tendrán razón.

También se puede imaginar un escenario triádico en el que el padre, al cortarle constantemente la palabra a su mujer, introduce en el mundo mental del niño una sensación de agre-

---

10. Miljkovitch, R.; Borghini, A.; Pierrehumbert, B., *Évaluer l'attachement. Du bébé à la personne âgée*, Savigny-sur-Orge, Éditions Duval, 2019.

sión, de dominación paterna. El niño dirá: «Mi padre aplastó a mi madre», sin saber que aquel hombre había renunciado a su desarrollo personal para consagrarse a la felicidad de su mujer.

Percibir un mundo es ya interpretarlo

La ecología en la que vive un niño está en constante expansión. Al principio, en el útero, las primeras divisiones celulares del embrión reciben la presión de sustancias químicas, principalmente hormonales. Desde muy pronto, en el útero dilatado, el feto está informado de las emociones de la madre por las sustancias de estrés causadas por sus relaciones difíciles o por su precariedad social. Después de nacer, en los brazos de su madre, recibe otra información que le hace descubrir un mundo paterno en el que el objeto masculino es «diferente-asociado» con el objeto femenino. Ambos padres producen palabras y gestos afectivos que estructuran el hábitat del niño. La verbalidad aún no designa todavía objetos lejanos e imposibles de percibir. En este mundo en expansión, el niño descubre figuras de apego secundarias: la hermana mayor, la niñera y el perro, a la vez extrañas y familiares. Cada uno de estos objetos causa una impresión más o menos duradera, dependiendo del nivel de desarrollo del niño y del contexto del nicho. La neuroimagen muestra que, en cuanto ha sido moldeado por el entorno, el cerebro da al mundo que percibe una forma que el sujeto llama «realidad». Esta lenta e incesante construcción del aparato destinado a ver el mundo explica por qué la evidencia de uno no es la evidencia de otro.

Recuerdo una pareja de gemelos dicigóticos (un niño y una niña), nacidos en 1970, de padres de la generación de Mayo del 68. Los niños tenían más de treinta años cuando charlé con ellos. El hijo me dijo: «Tuvimos una infancia maravillosa. Nuestros padres nos daban total libertad, arreglaban el mundo hasta las 4 de la mañana bebiendo tragos y fumando porros. Dormíamos en cualquier sitio, en casa de cualquiera. No fui mucho a la escuela, mis padres nunca me presionaron». La hija dijo: «Tuvimos una infancia dura. Nuestros padres sólo pensaban en sí mismos, nunca estaban cerca. Me sentí mejor cuando aceptaron ponerme en un internado». Los gemelos habían sido criados por la misma madre, en el mismo nicho parental, en el mismo contexto social, y sin embargo su visión del mundo era muy diferente. La misma situación fue llamada «libertad» por uno y «abandono» por la otra. Una genética diferente (XX y XY) en el mismo entorno uterino, en el mismo hogar, en el mismo contexto social, había dado a cada hijo una dirección opuesta. También podemos pensar que, ya en el útero, uno, más cercano a la placenta, vivía en un universo más sonoro que el otro. En el momento del parto, el que salió primero había chocado con el conducto pélvico que para el segundo ya se había ensanchado.

Sus mundos sensoriales eran distintos, su genética no les otorgaba la misma sensibilidad y su autorrepresentación indicaba direcciones diversas.

Las observaciones con gemelos proporcionan una especie de experimento natural en el que vemos que incluso cuando la genética es idéntica, como en los gemelos homocigóticos que comparten prácticamente los mismos genes, el contexto sensorial puede impulsar trayectorias distintas.

No es raro que en la adopción se ponga a un niño que ha heredado un determinado potencial genético en un entorno educativo menos arriesgado que el de sus padres biológicos. A través de esta experimentación «natural», se pueden obtener resultados del todo opuestos. Un entorno de adopción favorable no impide que un niño desarrolle autismo o esquizofrenia.[1] Por

---

1. Pienari, P. *et al.*, «Genetic boundaries of the schizophrenia spectrum: Evidence from the Finnish Adoptive Family Study of Schizophrenia» (Lí-

el contrario, un niño procedente de un entorno desfavorecido tendrá unos resultados escolares y un coeficiente intelectual cercanos a los de sus padres adoptivos. Pero cuando los primeros meses de vida han transcurrido en un aislamiento sensorial intenso y duradero, el cerebro, si no se estimula pronto, tiene dificultades para reanudar un desarrollo resiliente.

Tuve la oportunidad de estar con un joven que encarnaba el equilibrio y la alegría de vivir. Dividía su tiempo entre un trabajo de cuidados y un velero donde vivía. Era una época en que la cultura se indignaba ante el efecto alienante de los hospitales psiquiátricos. Un día, en un pequeño puerto, conoce a una joven algo desaliñada que le confía que está siendo tratada en el hospital psiquiátrico local. Los dos jóvenes simpatizan y el enfermero la encuentra encantadora. Como ha leído a Michel Foucault y a los antipsiquiatras, le indigna que a una persona tan simpática le den neurolépticos. Decide salvarla y la invita a navegar con él por unos días. El aire fresco, el mar y la amabilidad del joven justifican la suspensión de la medicación. De hecho, la joven se siente rápidamente mejor, pues ya no percibe los efectos secundarios del tratamiento. Al decimoquinto día de navegación, de repente, estallan las alucinaciones y un espantoso delirio que obliga a su compañero a llevarla al hospital psiquiátrico. Se muestra tranquila y totalmente indiferente ante el anuncio de su embarazo. Se niega a salir del hospital y apenas se da cuenta de que ha dado a luz a un niño. El joven, convencido de que es capaz de ser un buen padre, decide criar al niño. El hogar monoparental es cálido, y la escuela y los deportes proporcionan un entorno de apoyo al niño hasta la edad de 18 años, cuando de repente expresa las mismas alucinaciones y el mismo delirio que su madre, a la que nunca ha conocido.

---

mites genéticos del espectro de la esquizofrenia: pruebas del estudio finlandés sobre familias adoptivas de la esquizofrenia), *American Journal of Psychiatry*, 160 (9), 2003, págs. 1587-1594.

Esta anécdota ilustra la tendencia actual a explicar la esquizofrenia sólo mediante un determinismo genético. Esta causa es posible, pero no es inexorable, ya que este trastorno psicótico se expresa de forma diferente según el entorno. Cuando el contexto es propicio, el desarrollo parece normal, pero en cuanto llega la adolescencia, con sus necesarios riesgos sexuales y sociales, la vulnerabilidad se revela y el sujeto se derrumba.

Gracias a los métodos que combinan la genética y la adopción, se puede demostrar lo contrario de lo que acabo de decir. Ocurre que una parte de los hermanos son dados en adopción por unos padres en situación muy precaria y con un bajo nivel educativo, mientras que los otros hermanos permanecen en este hogar vulnerable. Veinte años después, los niños adoptados han alcanzado el nivel intelectual y educativo de la familia adoptante (siempre que no haya habido un aislamiento temprano) como si, en este caso, el determinante genético no fuera importante.[2] Por lo tanto, habría puntos de partida genéticos poco influenciados por las presiones del entorno y otras presiones procedentes de la organización del entorno más influyentes que la genética.

La epigenética constituye esa fuerza de inflexión más o menos eficaz según el terreno explorado (psicosis o escuela) y según la edad del sujeto, en la que influye de forma variable el entorno. Cuanto más temprana sea la adversidad, más duraderos y perjudiciales serán sus efectos. Los traumas espectaculares son los más fáciles de observar, pero los traumas insidiosos son muy destructivos porque se repiten cada día y acaban trazando circuitos en el cerebro que dirigen los estímulos a la amígdala rinencefálica, la base neurológica de las emociones insoportables.[3]

---

2. Van Ijzendoorn, M. H.; Juffer, F., «Adoption is a successful natural intervention enhancing adopted children's IQ and school performance», *Current Direction in Psychological Science*, 14 (6), 2005, págs. 326-330.

3. Meaney, M. J.; O'Donnel, K. J., «Epigenetics and developmental origins of vulnerability and mental disorders», en A. Thapar *et al.* (eds.), *Rut-*

Un entorno alterado en un momento en el que el cerebro está formándose impregna en la mente del niño factores de vulnerabilidad. Un nido temprano alterado explica la tendencia de un organismo a desarrollarse hacia ciertas enfermedades crónicas en los adultos: obesidad, diabetes, enfermedades cardiovasculares y respiratorias.[4]

Es durante el período sensible de los primeros mil días, que comienza cuando la pareja se vuelve fértil y termina alrededor de los dos años, cuando el niño adquiere el dominio de las palabras, cuando el entorno ecológico inscribe más fácilmente las tendencias del desarrollo.[5]

La primera tendencia adquirida es el estilo de apego: en cualquier población de bebés de 10-12 meses, dos tercios han desarrollado un apego seguro que les da confianza y facilita las interacciones. Pero en un tercio de los casos, se trata de un apego incómodo, distante, agresivo o confuso que el niño ha adquirido en un entorno realmente adverso o que siente como adverso.[6]

Actualmente se reconoce que existe una fuerte relación entre las adversidades tempranas y los trastornos duraderos del desarrollo. Pueden reactivarse más tarde, durante un período crítico de la vida, como la adolescencia, la formación de una

---

ter's *Child and Adolescent Psychiatry*, Wiley-Blackwell, Oxford, 2015, págs. 317-329.

4. Simeoni, V., «De la conception à deux ans: comment l'environnement et l'épigénétique conditionnent notre santé future», *Developmental Origins of Health and Disease*, Lausana, 8 de marzo de 2016.

5. Comisión «1.000 premiers jours», *Les 1.000 premiers jours. Là où tout commence*, informe al Gobierno, septiembre de 2020.

6. Rutter, M., «Clinical implications of attachment concepts: Retrospect and prospect», *Journal of Child Psychology and Psychiatry*, 36 (4), 1995, págs. 549-571. Maughan, B.; Collishaw, S.; «Development and psychopathology: A life course perspective», en A. *Rutter's Child and Adolescent Psychiatry*, op. cit., pág. 12.

pareja, el nacimiento de un hijo o incluso la vejez. Estos efectos a largo plazo no se deben a una sola causa, se pueden atribuir a una secuencia acumulativa, el «efecto cinta transportadora» de un fallo temprano que se dejó que se desarrollara sin intervenir. Cuando un bebé que ha «empezado mal» es abandonado, la huella de la carencia se refuerza y conduce a una cascada de fracasos relacionales y sociales. El pequeño, con un apoyo deficiente, sólo puede centrarse en sí mismo, ya que la alteridad es defectuosa. Aprende mal los rituales de interacción con sus figuras de apego y sus compañeros de guardería. Privado de la oportunidad de hablar, entra en el mundo con un vocabulario reducido, una reserva de doscientas palabras en la primera etapa escolar.[7] No entiende bien las instrucciones que estimulan a sus amiguitos, los que han «empezado bien», que disponen de mil palabras para establecer relaciones y jugar a aprender. Ya con retraso a los 3 años de edad, odia la escuela, donde se siente humillado. Si este niño hubiera recibido un afecto que le proporcionara seguridad, el desarrollo resiliente habría sido fácil.[8] Al dejarlo solo, su entorno empobrecido ha fijado su desarrollo en un nivel arcaico con poco bagaje verbal.

Para esquematizar, podríamos decir que a la herencia vertical, proveniente de los cromosomas, se suma la herencia lateral, resultante de las envolturas ecológicas cercanas, medias y lejanas.

El clima físico, tanto como el entorno emocional o la herencia verbal, influye en las tendencias de desarrollo. Ya se sabía que el contexto climático modificaba la secreción de hormonas sexuales y de crecimiento.[9] La NASA ha medido ahora cómo el cambio

---

7. Dehaene-Lambertz G., «Images de développement cérébral», in S. Dehaene (dir.), *Le Cerveau en action*, PUF, París, 1997.

8. Rutter, M., «Resilience as a dynamic concept», *Development and Psychopathology*, 24 (2), 2012, págs. 335-344.

9. Bernis, C., «Écologie humaine», en C. Susanne, E. Rebato, B. Chiarelli (eds.), *Anthropologie biologique*, De Boeck, Bruselas, 2003, págs. 631-642.

del entorno cósmico modifica no sólo la biología, sino también el equilibrio genético y su expresión. Dos gemelos homocigóticos fueron preparados para llevar a cabo vuelos espaciales.

Mark permaneció en tierra, mientras que Scott estuvo en el espacio durante 340 días. En Scott, el extraterrestre, su presión sanguínea se redujo porque ya no necesitaba luchar contra la atracción de la Tierra, sus músculos se derritieron porque ya no los utilizaba e, inesperadamente, sus telómeros, al final de sus cromosomas, se alargaron durante su viaje espacial, lo que revela que envejecemos más rápido en la Tierra, donde el acortamiento de los telómeros es un marcador de la vejez.[10] Seis meses después de su regreso, los metabolismos y cromosomas de Scott volvieron a ser los de Mark, el gemelo que permaneció en la Tierra. Esta observación experimental confirma que la gravedad ejerce una presión ecológica sobre el desarrollo y el funcionamiento de un organismo. Sin embargo, la altitud, que reduce la presión sanguínea y aumenta la síntesis de glóbulos rojos, no es un entorno favorable para el ser humano, ya que produce un estrés múltiple que acelera el envejecimiento.[11] Pero cuando un cohete nos lleve a Marte en 2033, escaparemos de la atracción de la Tierra y nuestros telómeros más largos nos darán una esperanza de vida de 150 a 200 años.[12]

---

10. *Far-Flung Twins: The Genomic Effect of a Year in Space*, Science, 364 (6436), 2019.

11. Facchini, F., «Les effets de l'altitude», en C. Susanne, E. Rebato, C. Chiarelli (eds.), *Anthropologie biologique*, De Boeck, Bruselas, 2003, págs. 429-434.

12. Bradbury, R., *Las crónicas marcianas*, Minotauro, Barcelona, 2020.

Real, ciencia e ideología

Estos datos científicos se recuperan casi siempre para alimentar un discurso ideológico. La herencia vertical, procedente del sexo, parece evidente, pero la herencia lateral, la que procede del patrimonio, apenas está empezando ser analizada. El árbol genealógico del que están tan orgullosos los nobles queda asegurado por la virginidad de las madres en la noche de bodas y el aspecto físico de los hijos (color de piel, color de pelo, morfología). Esta aparente filiación biológica es engañosa. El mosaico genético es aproximado, los genes no están firmemente fijados en los cromosomas, son móviles,[1] y a veces la descendencia no es en absoluto genética. En Roma, un esclavo adoptado se convertía en hijo legítimo, así que no tiene nada que ver con la biología. Las pruebas de ADN revelan que muchos hijos del árbol genealógico no pueden ser del padre designado por la madre. La palabra «bastardo» se refería a un hijo nacido fuera del matrimonio pero que, dependiendo de la cultura, podía ser rechazado o incluido en la filiación con derechos variables. La descendencia narra una biología imaginaria. Cuando uno se presenta diciendo: «Procedo de San Luis», esta frase revela que el orador piensa que lleva dentro algo de materia real. «Soy de sangre real, la cualidad que forma a los monarcas», podría decir.

Le ofrezco a este descendiente de San Luis otra línea de razonamiento: «Tienes dos padres que a su vez tienen dos padres que a su vez tienen dos padres, así que en la cuarta generación

---

1. Zimmer C., *She Has Her Mother's Laugh*, Nueva York, Dutton, 2018.

tiene dieciséis abuelos». Tu antepasado San Luis nació en 1214: para remontarte hasta él, a través ocho siglos, cuarenta y cinco generaciones,[2] has necesitado 2^{45} antepasados, es decir, 35.000 millones de seres humanos que se aparearon para traerle al mundo, a ti. En aquella época, en Europa, había un millón de habitantes. ¿Cómo se explica esta discrepancia? Es que, entre ese millón de personas, había un grupo muy reducido de hombres y mujeres lo suficientemente cercanos socialmente como para realizar los cientos de miles de millones de actos sexuales que condujeron hasta Tu Grandeza. Se podría decir que este proceso biosocial realiza una endogamia casi incestuosa y que los «bien nacidos», a base de casarse entre ellos, acabaron constituyendo un islote genético que no siempre era de buena calidad. La dinastía ptolemaica del Alto Egipto había encontrado una solución radical para conservar el poder y transmitirlo a sus descendientes: bastaba con practicar el incesto y decir que era por una necesidad moral, para no mezclarse con el populacho. Mediante este método se transmitía el poder, junto con las enfermedades genéticas que hoy diagnosticamos en las momias de los faraones.

Un ejemplo reciente de este proceso biocultural lo ofrece el rey Alfonso XIII (1886-1931) de España. Para traerlo al mundo, en una dinastía de once generaciones, habrían tenido que aparearse 2.048 antepasados. Sin embargo, los archivos reales y las fotografías sólo registran once antepasados, lo que implica que, como en casi todas las familias aristocráticas, los primos y las primas[3] se casaban entre ellos en cada generación, lo mismo que en la Edad Media se llamaba incesto.

---

2. Hoy en día, cuando las mujeres dan a luz a su primer hijo, podríamos decir que hay tres generaciones por siglo. Pero en los siglos XIII y XVIII, las mujeres quedaban embarazadas a partir de los 13-15 años.

3. Crist, M., «Surprises de l'hérédité: nous sommes tous des bâtards», *Books*, 101, octubre de 2019, pág. 24.

La buena calidad biológica de los de «sangre azul» no es, pues, hereditaria, sino que es la herencia de su patrimonio. En torno a los bebés aristocráticos, el nicho sensorial estaba estructurado por un sistema de apegos múltiples en el que las niñeras cuidaban de los niños en buenas condiciones materiales y emocionales. Los hijos de los ricos morían menos que los de los pobres, y cuando llegaban a la edad escolar, los tutores les enseñaban las disciplinas valoradas por su cultura: la lectura, la escritura, la caza y la guerra para los chicos; la cocina y la maternidad para las chicas. Había, por supuesto, aristócratas pobres que vivían junto a los campesinos, pero en general este grupo de personas se desarrolló bastante bien. Eran más altos y fuertes que la gente común, su educación incluía el uso de armas y su esperanza de vida se acercaba a la nuestra. Estos aristócratas sabían leer, bailar, luchar y casarse bien, ya que esta forma de vida los llevaba al poder. El pueblo llano, de menor talla, menos fuerte, sin dientes a partir de los 25 años, sufría enfermedades de la piel. No sabían manejar las armas y morían muy jóvenes, lo que «demostraba» su escasa calidad biológica.

No fue hasta la Revolución francesa cuando se empezó a dejar de explicar la fuerza física y mental por el hecho de ser «bien nacido», y se empezó a pensar que una buena organización social podía producir el mismo efecto. El pensamiento del linaje (él es de buena familia, ella es de buena cuna) permitía casar a los jóvenes para ampliar las tierras y mantener el castillo o el negocio. De hecho, el sexo producía lo social. Cuando Saint-Just dijo: «La felicidad es una idea nueva en Europa», creo que quería decir que una buena organización social hacía posible el acceso a la felicidad. Antes de esta frase, vivíamos entre dos paraísos: el paraíso perdido por el pecado original y el paraíso que se encuentra al final después de la muerte. Entre ambos, la vida era un valle de lágrimas. Para merecer la felicidad, bastaba con obedecer a los sacerdotes y a los aristócratas, que eran altos, fuertes, ricos y cultos. La nueva idea de la felicidad en 1794 consistía en pensar que todo ciudadano podía tener acceso a ella, siempre que los políticos organizaran mejor la sociedad.

Hoy, esta nueva idea se llama «escuela». Desde el siglo XIX, ha permitido la realización de todos los niños y la integración de los hijos de los pobres. Se ha vuelto tan importante en nuestro tiempo que está creando una nueva aristocracia, la del diploma. Ya no construimos una sociedad mediante el arte de la guerra, mediante los brazos de los proletarios y los vientres de las mujeres. Desde los años 1970, es el diploma el que jerarquiza las comunidades. El grupo de personas de alto nivel educativo se reparte los buenos empleos y los altos salarios en los barrios acomodados, equivalente moderno del castillo. Sus hijos, bien nacidos, entran en el jardín de infancia con un buen lenguaje y agradables habilidades interpersonales. Pasan veinticinco años en la escuela, luego cuarenta años viajando por el mundo en cómodos hoteles, y dedican sus treinta años de jubilación a vivir de sus placeres.

Los no licenciados tienen trabajos peores, precarios y mal pagados. La escuela ha sido menos socializadora para ellos. El nicho sensorial que rodea a sus hijos es inestable e inseguro. Vagamente ayudados por el Estado, sufren de soledad y una falta de proyectos.

En el pasado reciente, cuando los hombres trabajaban quince horas al día, los miembros de la pareja estaban obligados permanecer juntos. Aquellos hombres no podían vivir sin una esposa en casa. Y las mujeres, gracias a la primera huelga de mineros de principios del siglo XIX, dejaron de ser enjaezadas para tirar de los carros «para que la vida de las esposas mejorara».[4] En el siglo XXI, con las nuevas ocupaciones y el nuevo estatus

---

4. Ariès, P.; Duby, G. (dir.), *Histoire de la vie privée*, Seuil, París, 1987, t. IV, págs. 80-81. Et Bineau G., *Houillères aux environs de Charleroi*, Bibliothèque de l'École des mines, 1829.

de la mujer, la solidaridad de la pareja se ha convertido en un acuerdo y ya no en una limitación. Los miembros de la pareja viven juntos mientras cada uno apoya al otro. En caso de que se produzca un enfriamiento emocional o se desarrollen trayectorias sociales divergentes, es más fácil recuperar la independencia.

Vínculos de apego y tradiciones culturales

Los seres humanos inventamos constantemente culturas que proporcionan a los niños apoyos para el desarrollo sensorial, emocional, verbal y cultural que adoptan formas diferentes en las distintas civilizaciones. Entre los Gusii de Kenia, la madre se ocupa de los cuidados corporales y delega las funciones verbales a los hombres. En las sociedades polimaternales de los Hausa de Níger, el hogar está compuesto por al menos cuatro madres. El contacto piel con piel es sostenido por varias figuras de apego materno. Entre los dogones de Malí, el primer niño que nace es entregado a la madre del padre. En los últimos años, la escasa lactancia materna y el clima seco han agravado la desnutrición. La tasa de mortalidad infantil (25%) y de apego desorganizado (23%) son mucho más altas que en las culturas estables en una ecología sostenible (5%).[1]

Se puede llevar a cabo una comparación transcultural mediante una observación experimental fiable y repetible. Este test de «situación extraña»[2] aplicada en varios países aporta algunos

---

1. Van IJzendoorn, M. H.; Sagi, A., «Cross-cultural patterns of attachment: Universal and contextual dimensions», en J. Cassidy, P. R. Shaver, *Handbook of Attachment*, The Guilford Press, Nueva York, 1999, págs. 713-734.

2. Ainsworth, M. D. *et al.*, *Patterns of Attachment*, Lawrence Erlbaum, Hillsdale, 1978.

datos sorprendentes:[3] en Europa occidental, hay más apegos evitativos, distantes, que controlan demasiado la expresión de las emociones. En Israel y Japón, el amor es cíclico, los *partenaires* se adoran y se agreden, lo que define el apego ambivalente. Una misma manifestación clínica resulta de causas que parecen ser distintas. En Israel, las madres confiaban sus hijos a niñeras profesionales mientras iban a trabajar o a la guerra. En Japón, en cambio, un bebé nunca se queda solo.[4] Las secuencias de separación y reencuentro explican el apego ambivalente en Israel, mientras que el mismo estilo de apego en Japón está causado por la protección asfixiante. La fragmentación experimental recomendada para los trabajos científicos no siempre se corresponde con los conocimientos de los clínicos, que requieren la integración de datos heterogéneos. Un objeto limpio y riguroso que se puede manipular en un laboratorio no define a una persona, con su cuerpo, su cerebro, su familia, su historia, sus creencias y muchas otras variables. Estos dos conjuntos de conocimientos son diferentes y, sin embargo, deben ser combinados si queremos comprender.

Es lógico encontrar diferencias entre culturas, pero lo que sorprende es que algunas manifestaciones clínicas sean aún más disímiles dentro de una misma cultura. De una cultura a otra, los rituales se prescriben mediante narraciones o pseudoexplicaciones estereotipadas: «No debes coger a un bebé que llora, lo hace caprichoso» se contrapone a otra prescripción en otra cultura: «Nunca debes dejar a un bebé solo, un espíritu maligno podría apoderarse de él». Estas prescrip-

---

3. Van IJzendoorn, M. H.; Kronenberg, P. M., «Cross-cultural patterns of attachment: A meta-analysis of the Strange Situation», *Child Development*, 59 (1), 1988, págs. 147-156.

4. Miyake, K. *et al.*, «Infant temperament, mother's mode of interaction and attachment in Japan: An interim report», *Monograph of the Society for Research and Child Development*, 50 (1-2), 1985, págs 276-297.

ciones verbales organizan interacciones muy diferentes con el bebé: secuencias de aislamiento en el primer caso, permanencia sensorial en el segundo. El apego ambivalente, observado experimentalmente, procede de causas radicalmente opuestas.

Dentro de una misma cultura, se evalúan los estilos de apego más diferenciados según el nivel sociocultural de los padres.[5] Los entornos sensoriales son característicos de cada cultura, pero lo que más modifica la adquisición de un estilo de apego es la riqueza o la pobreza de los padres. La inseguridad social, al privar al niño de sus necesidades básicas, al hacerlo crecer en condiciones adversas de desnutrición, espacio reducido, escasa estimulación cognitiva y falta de proyectos, altera enormemente el tejido de los vínculos.[6] Los niños mal tutorizados por el entorno exterior se estructuran mal en su interior, ya que no han recibido improntas estabilizadoras. En la adolescencia, estos niños le salen caros a la sociedad, que tendrá que recurrir a la represión para controlar a estos jóvenes que se han vuelto impulsivos debido a la ausencia de un sistema de apoyo en un momento del desarrollo en el que sus cerebros, todavía muy plásticos, podrían haber podido recibir fácilmente una impronta educativa.

Pero como no podemos establecer una causalidad lineal exclusiva, no podemos deducir que cuanto más ricos sean los padres mejor se criarán los hijos.

Los países del norte de Europa (Finlandia, Suecia, Noruega, Dinamarca, Islandia) no son pobres, pero son mucho menos ricos que Estados Unidos. Allí los niños son vigilados de un modo tranquilo y mucho menos estimulados que en Estados Unidos o

---

5. Cordon, D. *et al.*, *Child Poverty in the Developing World*, The Policy Press, Bristol, 2003.

6. Engle, P.; Black, M., «The effect of poverty on child development and educational outcomes», *Ann. NY Acad. Sci.*, 1136, 2008, págs. 243-256.

en los países asiáticos. En sus primeros mil días, los niños europeos están muy acompañados por ambos padres, que cuentan con la ayuda de profesionales de la primera infancia. La escuela les sirve para ganar confianza y desarrollar algunas habilidades interpersonales. Los deberes no se califican hasta después de los 11 años. La evaluación del desarrollo tras diez años de este entorno educativo ha reducido los suicidios de adolescentes (-40%), ha mejorado las relaciones afectivas y ha eliminado prácticamente el analfabetismo.[7]

Por el contrario, algunos países sufren trastornos de apego, como en la pobre Lituania, la modesta Rumanía y los muy ricos Estados Unidos. Cuando los padres, para ganar mucho dinero, se ven obligados a correr por la mañana para meter al niño en una guardería, correr hasta el trabajo, discutir porque no se corre lo suficiente, los niños viven en un nicho sensorial brutal. Privados de la fundamental necesidad de seguridad mental que les proporciona el placer de aprender,[8] viven el estrés de los empujones agresivos, mientras que sus condiciones materiales son excelentes. Lo que perturba el desarrollo del niño es la transacción entre lo que él es en un momento dado de su desarrollo y lo que su entorno dispone a su alrededor.[9]

Algunos niños hiperactivos agotan a sus padres, otros niños inconsolables los hacen sentirse desamparados. Siempre se tiende a pensar en el tejido del vínculo de apego como si fuera sis-

---

7. Tove Mogstad Slinde, Noruega, participación en la Comisión de los 1000 Días. Y Robert, P., *La Finlande: un modèle éducatif pour la France? Les secrets de la réussite*, ESF Éditeur, París, 2009.

8. Meirieu, P. (ed.), *Le Plaisir d'apprendre*, Autrement, París, 2014. Y Dehaene, S., *Apprendre ! Les talents du cerveau, le défi des machines*, Odile Jacob, París, 2018.

9. Bradshaw, J. B. *et al.*, «Children's subjective well-being in rich countries», *Innocenti Working Papers*, Unicef Office Research, 2013, https://www.unicef-irc.org/publications/pdf/rc11_eng.pdf.

temáticamente de los padres al niño, cuando es una interacción afectiva. El tejido es recíproco.[10]

Un factor único no puede explicarlo todo: «Se volvió ambivalente desde el día en que no pude recogerlo de casa de la niñera como le había prometido». Esto podría interpretarse diciendo que el niño estaba preocupado por esta promesa rota, pero que si hubiera encontrado otra figura de apego, como una niñera o una hermana mayor, su problema habría sido momentáneo.[11] Para sentirse cómodo con estos razonamientos multideterminados, hay que entrenarse en una actitud psicoecológica.[12] El sujeto está en el centro de una encrucijada de presiones que provienen de capas ambientales más o menos distantes. Cada capa concéntrica ejerce su cuota de presión: la más cercana es el tacto (la caricia o el golpe). Un poco más lejos, la comida (el sabor y su significado afectivo). Aún más lejos, encontramos el espacio de la vivienda, el barrio, el urbanismo. Alejadas en el plano de lo abstracto, las palabras y las historias representan acontecimientos imposibles de percibir y que, sin embargo, se sienten en lo más profundo.

La psicoecología se compone de capas concéntricas en torno a un sujeto que evoluciona: el organismo se transforma con el tiempo bajo el efecto de las presiones de su entorno próximo, medio y lejano. Por eso, una ruptura emocional o una adversidad social no tendrán el mismo efecto según el estilo de desarrollo de la persona en el momento del impacto. Un delincuente se desespera cuando pierde su libertad al entrar en prisión, pero cuatro años después se angustia cuando recupera su libertad.

---

10. Ambert, A.-M., *The Effect of Children on Parents*, The Haworth Press, Nueva York, 2001.

11. Gass, K. A., «¿Are sibling relationships protective? A longitudinal study», *Journal of Child Psychology and Psychiatry*, 48(2), 2007, págs. 167-175.

12. Bronfendenner, U., «Toward an experimental ecology of human development», *American Psychologist*, 32, 1977, págs. 513-531.

Ya no sabe cómo vivir fuera, donde cada situación se ha convertido en algo desconocido y aterrador para él. Un bebé que se aísla al principio de su primer año de vida sufre graves trastornos, pero si se le rescata, éstos desaparecen rápidamente, porque la capacidad de recuperación neuronal, en esta fase de la plasticidad cerebral, es fácil de activar. Pero cuando el aislamiento precoz ha superado el año, los trastornos neurológicos se vuelven duraderos, y los comportamientos autocentrados inscritos en la memoria dificultarán el proceso de resiliencia.[13]

Un gran número de niños huérfanos se vuelven tristes (24%), en comparación con los niños de la misma edad que tienen a ambos padres (1%).[14] Cuando son adoptados o cuando viven en buenas condiciones en ciertas instituciones, los síntomas psicológicos desaparecen fácilmente, especialmente en las niñas.[15]

Por supuesto, es en tiempos de guerra cuando los factores de riesgo se acentúan: pérdida de uno o ambos padres, escenas de horror y ansiedad, miedo a morir. Durante el genocidio de Ruanda (1994), el 78% de los niños fue testigo de masacres, a veces la de su propia familia, y el 15% sobrevivió escondiéndose debajo de un cadáver. En los años siguientes, el 47% de los niños sufría de depresión ansiosa.[16] En este contexto, la acumula-

---

13. Nelson, C. R. et al., «Cognitive recovery in socially deprived young children: The Bucharest Early Intervention Project», *Science*, 318, 2007, págs. 1937-1940.

14. Gray, L. B. et al., «Depression in children and adolescents two months after the death of a parent», *Journal of Affective Disorders*, 135, 2011, págs. 277-283.

15. Ludwig, J. et al., «Neighbourhood effects in the long-term well-being of low-income adults», *Science*, 2012, 337 (601), págs. 1505-1510.

16. Attanayake, V. et al., «Prevalence of mental disorders among children exposed to war: A systematic review of 7,920 children», *Mediane Conflict and Survival*, 25 (1), 2009, págs. 4-19.

ción de factores de riesgo se combina con factores de protección. Cuando, en medio de una masacre, un niño es salvado por otros adultos, esta situación refuerza la visión binaria del niño de un mundo de buenos contra malos.

La probabilidad de adquirir un apego ambivalente es mayor que la de la población general. Es la convergencia de todas estas causas la que determina la probabilidad de permanecer dañado o, por el contrario, de desencadenar un proceso de evolución resiliente.[17]

---

17. Cyrulnik, B., entrevista, *Revista Internacional de la Cruz Roja, Memoria y Guerra*, 101 (910), 2015.

Período sensible neurocultural de la adolescencia

Es con toda esta construcción previa, biológica, afectiva, psicológica y social que un sujeto llega al segundo período sensible de su existencia: la adolescencia.

Se suele decir que la pubertad es un fenómeno biológico y la adolescencia un fenómeno psicosocial. Esta categorización es sólo parcialmente cierta. Hemos visto que la pubertad de una niña no es la misma que la de un niño. Los determinantes genéticos han regido un desarrollo diferente para cada sexo. Desde el 14° día de vida embrionaria, la construcción anatómica del aparato genital y la secreción de hormonas han orientado a los organismos masculinos y femeninos hacia morfologías diferentes. Muy pronto, los factores ecológicos contribuyen a esta orientación: las presiones climáticas, la altitud, la luz solar, las secreciones químicas del útero, han estructurado la ecología cercana, la primera envoltura que tutoriza el desarrollo de las células. La ecología intermedia, la de la envoltura emocional, dejó su huella en el feto transmitiendo la emoción materna en forma de sustancias de estrés o de bienestar. La epigénesis muestra cómo la historia de la madre esculpe el cerebro del niño que lleva dentro, haciéndolo sensible a un tipo de información que extrae de su entorno. La envoltura ecológica más lejana está formada por determinismos sociales y culturales, aparentemente no biológicos, pero que, aunque vienen de lejos, actúan sobre el cuerpo. En los entornos educados, hay muchos nichos sensoriales seguros en los que los bebés empiezan bien la vida.

Este determinismo es una probabilidad y no una certeza, ya que encontramos entornos ricos muy agresivos para los niños, a menudo sin que los padres lo sepan. Por el contrario, en los entornos con poca educación, existe la probabilidad de que los nichos sensoriales sean difíciles, pero esto es sólo una probabilidad, ya que muchas familias pobres cuidan muy bien a sus hijos.

El joven llega a la adolescencia dotado de su desarrollo orgánico y de su historia. Durante este nuevo período sensible, la ecología social y cultural que rodea al joven activa los puntos fuertes y débiles de su persona.

El adolescente intentará insertarse en su contexto social y cultural contando con su capital de factores de protección y factores de vulnerabilidad impresos en su memoria. Este período sensible es uno de los puntos de inflexión más importantes de su vida; será entonces cuando el adolescente se situará en su órbita.

La adolescencia apenas existe en las culturas donde la socialización de los jóvenes es brutal. En la época en que el padre decidía el futuro de sus hijos, la entrada en la vida adulta era una obligación: el padre decía a uno de sus hijos: «Irás al ejército» y al otro: «Heredarás mis bienes, lo que te obliga a hacer mi trabajo». Le decía a su hija: «Te casarás con el hijo del trapero, que tiene una gran renta anual, o bien irás a un convento». «La familia distribuía a sus jóvenes y con ello distribuía su parentesco».[1] En una cultura en que los padres estructuraban la sociedad, muchas chicas se refugiaban en los conventos para escapar de un matrimonio impuesto. Desde el Imperio romano hasta después del año 1000, los niños prepúberes se casaban o, mejor dicho, se prometían; las niñas a partir de los 7-8 años y los niños a partir de los 10 a los 12 años. A partir del siglo XIX, los niños eran in-

---

1. Ariès, P.; Duby, G. (dir.), *Histoire de la vie privée*, t. I, Seuil, París, págs. 574-575.

ternados y pasaban las vacaciones de verano solos, sin ver a sus padres.² Las niñas permanecían en casa, en una relación afectiva en la que se les enseñaba a coser y a formar un hogar, pues en aquella época se decía que era inmoral, incluso ridículo que una niña aprendiera a pensar; se reían de las «mujeres sabias».³ En aquel contexto, la adolescencia no tenía tiempo de existir, la gran fecha era el matrimonio.

El origen de la adolescencia en el siglo XX fue la transacción entre el lento desarrollo biológico de los seres humanos, cuyos cerebros alcanza la madurez con 25 años, y la necesidad de prolongar los aprendizajes necesarios para adquirir un oficio con una tecnología cada vez más compleja. El desarrollo de la persona se convirtió en un valor moral que justificaba los esfuerzos de la familia y del Estado. «En el transcurso de este siglo, la revuelta contra la familia, contra el padre, pero también contra la madre o contra los hermanos celosos es cada vez más fuerte».⁴ Las chicas ya no aceptan el papel que se les ha impuesto durante milenios. En una cultura en la que la persona se ha convertido en un valor moral, se sienten capaces de tener su propia aventura. La ecología lejana, social y cultural ha creado un período sensible en el que un joven, chico o chica, debe dejar a su familia para esforzarse por llegar a ser él mismo. Esta labor es difícil porque requiere la armonización de fuerzas heterogéneas y a menudo opuestas. El joven debe renunciar al confort afectivo que lo infantiliza, debe combatir la admiración que siente por su padre y que ahora lo aplasta, tiene que soltar amarras para navegar como quiera, pero cuando la cultura no le apoya, no sabe de dónde viene el viento, no puede tomar su rumbo.

---

2. Ariès, P.; Duby, G. (dir.), *Histoire de la vie privée*, t. IV, Seuil, París, 1987, pág. 234.

3. Molière, *Les femmes savantes*, 1672.

4. Perrot, M., «Drames et conflits familiaux», en P. Ariès, G. Duby (dir.), *Histoire de la vie privée*, t. IV, Seuil, París, 1987, pág. 263.

La aventura de la persona, que nació en Provenza en el siglo XIII[5] se extiende ahora por todo el planeta, fomentada o dificultada según la cultura de cada país. En un entorno pobre en el que el Estado es débil, el chico o la chica siente que es su deber mantener a sus padres ancianos. La solidaridad familiar se da entre parientes cercanos, pero cuando el entorno es acomodado, anima a los jóvenes a estudiar en el extranjero y a encontrar trabajo en otro país. Despedirse no significa cortar los lazos. Uno sigue unido a los padres que tiene que dejar, pero el vínculo adopta una forma diluida, vagamente mantenida por la comunicación digital, un correo electrónico, un Skype de vez en cuando. Cuando el joven tiene dificultades para ser él mismo, cuando está mal estructurado y no sabe lo que quiere, cuando la sociedad no le ofrece un espacio entre la dependencia familiar y la independencia social, el adolescente permanece indeciso, se siente mal y culpa a sus padres o a su cultura. Estos momentos dolorosos revelan una desritualización cultural que ya no acoge a los jóvenes.

El vuelco existencial de la adolescencia conlleva importantes cambios cognitivos, emocionales y de comportamiento. El cuerpo ha empezado a cambiar desde la pubertad, pero no adquiere el mismo significado para un chico que para una chica. Las niñas empiezan a cambiar antes que los niños, a partir de los diez años. Las hormonas que segregan sus cuerpos les aportan una tendencia al dulce placer de la oxitocina, de la progesterona que las vuelve lánguidas y la foliculina que las enamora. El hecho de que las mujeres sean XX explica posiblemente su equilibrio neuropsicológico. Cuando una anomalía se encuentra en un cromosoma X, puede no expresarse cuando es compensada por el otro cromosoma X. No es el caso de los varones, en quienes el cromosoma Y es frágil, inestable, incapaz de compensar un

---

5. Duby, G., *L'histoire continue*, Odile Jacob, París, 1991.

posible defecto en el cromosoma X. El cromosoma Y, conocido como el «debilucho», debilita el desarrollo neuropsicológico de los niños.[6] En los años siguientes a la pubertad, las chicas, cuya pelvis se ensancha, se sienten orgullosas y al mismo tiempo avergonzadas por sus abultados pechos, ganan estabilidad emocional y crecen 20 centímetros.

Los niños empiezan más tarde (12-13 años) a segregar vasopresina, la neurohormona que fomenta el placer de la acción; sus hombros se ensanchan, ganan más músculo y pierden grasa, y ganan 28 centímetros entre los 12 y los 18 años.[7] En ambos sexos, la neuroimagen revela una poda sináptica. Yo creía que la oleada hormonal de la adolescencia provocaría una eclosión neuronal, pero las fotografías muestran lo contrario. Las sinapsis (el espacio que une dos neuronas) simplifican los circuitos como si el cerebro adolescente, finalmente estabilizado, dejara de ir en todas direcciones. Cuando el cerebro reduce sus circuitos, mejora su rendimiento,[8] funciona mejor al gastar menos energía en un mundo que se ha vuelto familiar.

Los niños segregan más testosterona que las niñas, que también la producen, pero con un efecto sobre el organismo distinto. La testosterona está tan ideologizada que los estudios están parasitados por el deseo de creer. En los años 1960, el discurso colectivo era increíblemente sexista hacia las mujeres. Durante mi preparación para el servicio militar, las autoridades nos mostraron películas en las que nos advertían del «peligro de las

---

6. Postel-Vinay, O., *La Revanche du chromosome X*, J.-C. Lattès, París, 2007.

7. Prado-Martínez, C.; Nielsen, A. H., «Sexual dimorphism in morpho-physiolo-gical risk factors after puberty», en E. Bodzsar, C. Susanne, C. Prokopec (eds.), *Puberty Variability of Changes and Complexity Factors*, Eötvös University Press, Budapest, 2000.

8. Bourgeois, J.-P.; Rakic, P., «Changes of synaptic density in the primary visual cortex of the macaque monkey from fetal to adult stage», *Journal of Neuroscience*, 13 (7), 1993, págs. 2801-2820.

mujeres». Los reclutas, los de segunda clase como yo, se contaban historias que mostraban cómo las mujeres sólo estaban interesadas en explotar a los hombres para hacerlos trabajar para ellas.

El efecto anatómico de las hormonas es fácil de ver, pero su efecto psicológico es discutible. En cuanto a las narrativas colectivas de lo que es una mujer o lo que es un hombre, a menudo son delirantes. La palabra «delirante» en este caso no indica psicosis, simplemente designa un discurso de apariencia coherente, pero sin relación con la realidad. En los chicos, no es delirante decir que en la adolescencia los genitales se desarrollan y se pigmentan, que crece el vello bajo la nariz y en la barbilla, que la altura y la masa muscular aumentan en pocos años, y que la laringe se agranda tanto que las cuerdas vocales producen una voz grave. En las niñas, también se observan las etapas anatómicas de la pubertad, con la aparición de las glándulas mamarias que preceden al crecimiento de la areola del pezón, el crecimiento de la vulva y la localización de la grasa en el pecho y en las caderas. Es importante señalar que estos cambios aparecen mucho antes en las niñas que en los niños. «El crecimiento rápido de la adolescencia se produce de media dos años antes en las chicas que en los chicos».[9] Los niveles hormonales sexuales alcanzan su máximo a los 16 años en las chicas y a los 20 en los chicos, lo que explica que durante el bachillerato el estirón haya terminado en las chicas, mientras que en los chicos está en su punto álgido. En este período social hipersensible, las niñas son jóvenes emocionalmente estables, a menudo orgullosas y a veces avergonzadas por su metamorfosis corporal. Están menos fatigadas y ya son capaces de gobernar su vida cotidiana y sus elecciones existenciales. A la misma edad, los chicos inician el

---

9. Prado-Martinez, C., «La puberté: une période de crise», en C. Susanne, E. Rebato, B. Chiarelli (dir.), *Anthropologie biologique*, De Boeck, Bruselas, 2003, pág. 505.

vuelco de la adolescencia con un claro retraso neuropsicológico, una gran vitalidad asociada a una extrema fatiga. Alternan explosiones físicas en las que descubren el placer de utilizar su nueva fuerza muscular con momentos de hipersomnia en los que su organismo intenta recuperar el gasto de energía. Son emocionalmente inestables, tienen dificultades para planificar su trabajo diario y alternan momentos de sueños grandiosos con un doloroso abatimiento. No compensarán este retraso neuroemocional hasta los 25 años, cuando su cerebro madure... ¡al final de sus estudios!

Hasta aquí, ningún problema: las observaciones anatómicas y de comportamiento, a menudo claras, obtienen el acuerdo de la mayoría. Los conflictos pasionales aparecen en cuanto se intenta estudiar cómo las hormonas modifican las emociones en la unión del cuerpo con la mente. Los animales, al permitirnos una mirada más distante, nos proponen algunas observaciones. Los juegos de los mamíferos se sexualizan desde muy temprano.[10] A las crías de macaco macho les gusta jugar en los charcos y amontonarse en sus melés de rugby, donde rara vez se ve a las hembras. Ellas prefieren jugar a llevar troncos, lo que puede ser un precursor de las crías que un día tendrán. Estas observaciones son frágiles. Lo que podemos decir es que antes de la pubertad hay un comportamiento «como si». El pequeño zorrillo macho «juega» a perseguir a una hembra a la que agarra por el cuello. Después de la pubertad, es lo que harán estos animales cuando se apareen definitivamente.[11] Los juegos de animales son una especie de entrenamiento para lo que tendrán que hacer en serio en el futuro: cortejar, pelear, esconderse, cuidar a un cachorro. Los llamados comportamientos de juego revelan la

---

10. Bensch, C., *Jeux de velus. L'animal, le jeu et l'homme*, Odile Jacob, París. 2000.

11. Eibl-Eibesfeldt, I., *Éthologie. Biologie du comportement*, Naturalia et Biologica, Éditions scientifiques, París, 1972, págs. 224-225.

curiosidad y la voluntad de aprender del animal. Es importante señalar que, para aparearse, un macho no tiene que aprender los mismos comportamientos que una hembra. Esta diferencia permite la armonía del encuentro sexual: cuando un joven ha sido aislado sensorialmente, sin haber tenido la oportunidad de entrenarse en los juegos sexuales, no sabrá aparearse cuando las hormonas de la pubertad le empujen a hacerlo. El aislamiento temprano le ha hecho perder el placer de entrenarse para luchar, para tener sexo y cuidar a los cachorros. Debido a sus carencias, no juega a hacer «como si» y cuando llega el momento del sexo real, no sabe luchar, aparearse o cuidar de un cachorro.

Las ratas hembras construyen nidos con ramitas y pedazos de papel rasgado. Cuando «se les administran hormonas masculinas durante una fase embrionaria sensible o en los primeros años de vida [...] las hormonas producen una inversión del sexual».[12] Las hormonas tienen un efecto diferente según la composición genética y el nivel de desarrollo orgánico. Las constantes transacciones entre la estructura del organismo y la estructura del entorno modifican constantemente el efecto de las hormonas. Si a una hembra mayor se le inyectan hormonas masculinas, no revierte su comportamiento sexual. Si una rata macho adulta recibe hormonas femeninas, se vuelve menos agresiva, pero no construye un nido. En los animales, son muchas las variables que intervienen en la modificación del efecto de las hormonas sexuales: el clima, el estrés, el aislamiento y el hacinamiento.

Los seres humanos están familiarizados con estas transacciones incesantes entre los determinantes biológicos internos y los determinantes ecológicos externos. A esto se suman los determinantes verbales. Los niños humanos pasan por la etapa en la que los juegos motores aportan el placer de sacudir un objeto,

---

12. *Ibid.*, pág. 31.

lamerlo para conocerlo o tirarlo al suelo para establecer una relación con el adulto que irá a buscarlo. Los niños que han sido aislados tempranamente han perdido el placer del juego que les habría invitado a explorar y aprender lo que luego será «en serio». Pero en el tercer año, cuando ya pueden hablar, crean escenarios imaginarios con palabras en los que se preparan para desarrollar sus futuros roles sexuales y sociales. A partir de entonces, ven a su alrededor un escenario de comportamiento escenificado por los modelos que dependen de cada padre y de cada cultura. El bebé ya no responde sólo a los estímulos de supervivencia, sino que interioriza las narrativas culturales. En las generaciones anteriores, un niño veía a una madre que podía dar a luz a otro bebé y amamantarlo, no a un padre. Una madre lleva ropa de mujer y un padre lleva otra ropa porque cada uno ocupa un lugar particular en el hogar y en la sociedad.

A medida que el niño crece, escucha otras afirmaciones que son prescripciones de comportamiento: «Un niño no llora... Una niña es dulce...». El niño que oye estas frases en una fase temprana de su desarrollo se pregunta: «Sé que soy un niño/una niña, ¿qué implica este hecho? ¿Qué comportamientos determina esta afirmación de las personas que quiero y que me protegen?». Estas declaraciones estructuran una ecología verbal que rodea al niño en un período sensible de su desarrollo, cuando puede aprender a toda velocidad. Las representaciones verbales son la fuente de los sentimientos que se experimentan realmente, que se sienten en lo más profundo del cuerpo porque se inscriben en la memoria biológica del niño. Las hembras de los monos vervet, por ejemplo, se vuelven especialmente sensibles a las llamadas de sus madres y de otras hembras,[13] mientras que «los machos se influyen mutuamente "notificando"» a los otros

---

13. Dasser, V., «Cognitive complexity in primate social relationships», en R. A. Hinde, A.-N. Perret-Clermont, J. Stevenson-Hinde (eds.), *Social Relationships and Cognitive Development*, Clarendon Press, Oxford, 1985.

machos mediante la puesta en escena de un comportamiento específico, a qué zona interesante (agua, comida) dirigirse.[14] Los niños humanos se impregnan de afirmaciones que les dicen cómo es moral comportarse para ser amados por sus seres queridos y aceptados por la sociedad.

---

14. Vauclair, J.; Kreutzer, M. (dirs.), *L'Éthologie cognitive*, Éditions de la Maison des sciences de l'homme, París, 2004, pág. 186.

Socialización sexuada

El adolescente debe modificar la relación con sus padres para dejar de ser «el pequeño». Los jóvenes que, antes de este período, habían adquirido un apego seguro se apoyan en sus padres de forma afectiva para separarse de ellos. El período en el que se produce este proceso es variable, ya que depende tanto del desarrollo del sujeto como de su acogida por parte del contexto social y cultural. A la pregunta: «Para independizarte, ¿quieres que tu madre te ayude?», la respuesta fue un vigoroso «no».[1] Esto no significa que los adolescentes no la necesiten, pero sí indica que no están orgullosos de seguir necesitándola.

Cuando un adolescente ha desarrollado un apego inseguro, distante o ambivalente (30%), tiene miedo de aventurarse socialmente, por lo que culpa a sus padres de no haberle dado esa fuerza: «No me habéis equipado para la vida», les dice a sus padres cuando tiene miedo a la vida. Algunas organizaciones culturales se dirigen a estos adolescentes inseguros para ayudarles a ser autosuficientes. El escultismo, el deporte,[2] las caminatas en grupo,[3] los primeros años de universidad, una escuela profesional, unos años sabáticos en Suecia o en Estados Unidos, o una asociación que supervisa discretamente el punto de inflexión

---

1. Allen, J. P.; Land, D., «Attachment in adolescence», en J. Cassidy, P. R. Shaver, *Handbook of Attachment*, The Guilford Press, Nueva York, 1999, pág. 323.
2. Cyrulnik, B.; Bouhours, P., *Sport et résilience*, Odile Jacob, París, 2019.
3. Le Breton, D., *Éloge de la marche*, Métailié, París, 2000.

209

de la adolescencia. Para los padres, es difícil ayudar a sus hijos adolescentes y es imposible no hacerlo. Cuando el entorno social y cultural no tiende la mano a estos jóvenes ofreciéndoles un marco de intermediación, observamos que las tormentas familiares son frecuentes y dolorosas (12%). En la población de adolescentes inseguros (evitativos, preocupados, impulsivos...), el riesgo de tensión es significativamente mayor que en la población de adolescentes seguros.[4]

Estamos empezando a estudiar un poderoso atractor en este espacio intermedio entre la familia y la sociedad, que es el grupo de amigos. Los chicos utilizan esta base de socialización grupal, como lo hicieron en la escuela. Las chicas prefieren establecer un vínculo con su mejor amiga. Pero después de un trauma, «los hombres tienden a compartir sus emociones sólo con sus esposas o novias [...], mientras que las mujeres mantienen una red diversa de *partenaires*».[5] Casi se podría decir que los chicos se socializan como un grupo de adolescentes y, en caso de desgracia, confían en una mujer que les comprende, en una figura de apego. Las chicas se socializan de forma más discreta, pero cuando tienen problemas comparten su dolor con quienquiera que les escuche (un amigo, un cura, un psicólogo), su figura de apego está menos individualizada.

La orientación social se produce de forma diferente según el género y el estilo de apego. Los chicos y las chicas que han desarrollado previamente un apego seguro buscan integrarse en un grupo de jóvenes también seguros, lo que facilita su socialización. Sin embargo, los que han experimentado condiciones de desarrollo difíciles se sienten aplastados por los adultos y despreciados por los adolescentes seguros. Prefieren permane-

---

4. Rosenstein, D. S.; Horowitz, H. A., «Adolescent attachment and psychopathology», *Journal of Consulting and Clinical Psychology*, 64 (2), 1996, págs. 244-253.

5. Rimé, B., *Le Partage social des émotions*, PUF, París, 2005, pág. 95.

cer entre adolescentes poco socializados donde tienen una menor opinión sobre sí mismos. Entonces explican sus dificultades hablando de injusticia social, lo que a menudo es cierto.[6] Culpan a los demás de su difícil socialización, pero esto, al hacerles sentirse menos responsables, facilita su abandono. Las niñas inseguras con poco control emocional tienen su primer encuentro sexual mucho antes que las niñas seguras, lo que perjudica su socialización. Las chicas inseguras que sueñan con una boda blanca y una pareja estable suelen romper, mientras que las seguras, tolerantes con la ceremonia y con posibles relaciones extramatrimoniales, evolucionan hacia una vida de pareja estable y fiable que facilita la socialización.[7]

El vuelco de la adolescencia es a veces brutal: cambio de religión para alejarse de los padres, asociación con jóvenes odiados por los padres, maltrato de los padres, que son golpeados más a menudo de lo que se suele creer.[8] Este doloroso cambio no puede explicarse mediante una causalidad lineal: «Pega a su padre porque le pegaron». Es una discordancia de causas la que puede explicar estas adolescencias desgarradoras. Cuando un secreto familiar hace inseguras las relaciones, cuando una plétora de emociones adormece el desarrollo de la empatía, el niño se convierte en un adolescente que no busca descubrir el mundo mental de sus padres. Para él, son siervos que pueden ser golpeados cuando no le sirven lo bastante rápido.

---

6. Treboux, D.; Crowell, J. A. *et al.*, «Social network influences on adolescent sexual attitudes and behaviors», *Journal of Adolescent Research*, 5 (2), 1994, págs. 175-189.

7. Januszewski, B.; Turner, R. *et al.*, «Working models of attachment, socio-sexual orientation and sexual problems», citado en J. P. Allen, D. Lan, «Attachment in adolescence», en J. Cassidy, P. R. Shaver, *Handbook of Attachment*, The Guilford Press, Nueva York, 1999, pág. 327.

8. Pereira, R.; Bertino, L.; Alameda, A.; Cyrulnik, B., *Psicoterapia de la violencia filio-parental*, Psicología, Bilbao, 2011.

Se pueden hacer predicciones sobre una población, pero no sobre los individuos que la componen. Se puede decir que una población de adolescentes inseguros y poco socializados dará una proporción importante de las solicitudes de ayuda psicológica y social. También se puede ver que un adolescente evitativo y con poco interés por las relaciones sociales se siente mejor en la escuela, sin amigos, escondiéndose detrás de sus libros, y así se convertirá en un buen estudiante que encontrará un trabajo. A menudo, el colapso social priva al adolescente de los relevos intermedios que le habrían ayudado a abandonar su familia sin romper el vínculo de apego. Cuando el adolescente llega a la edad de la autonomía, aunque haya adquirido un apego seguro, se encuentra ante un vacío en una sociedad donde nada lo acoge. Esto es lo que vimos en la Italia arruinada de los años 1950, donde adolescentes bien desarrollados vagaban por ciudades desiertas en las que la socialización era imposible.[9] Sin embargo, no hay que deducir que la ruina de un país favorezca la desocialización de los jóvenes, porque los armenios tras el genocidio de 1915 y los judíos europeos tras la Shoah inventaron instituciones intermedias en Beirut, Bruselas y París que, a pesar de una gran pobreza material, pero con una gran riqueza emocional y cultural, socializaron brillantemente a un gran número de niños traumatizados por estos genocidios.[10] A fuerza de hacer hincapié en las madres, que por supuesto son importantes, nos hemos olvidado de los padres. Al centrarnos en la familia, que por supuesto es importante, hemos olvidado el extremo poder socializador de las instituciones intermedias, religiosas, culturales y deportivas.

---

9. *I Vitelloni*, película de Federico Fellini, 1953.

10. Kévorkian, R.; Nordiguian, L.; Tachjian, V., *Les Arméniens. La quête d'un refuge (1971-1939)*, Presses de l'Université Saint-Joseph, Beirut, 2007. Y Fossion, P.; Rejas, M. C., *Siegi Hirsch: au cœur des thérapies*, Toulouse, Érès, 2005. Y Hazan K., Klarsfeld S., *Le Sauvetage des enfants juifs pendant l'Occupation dans les maisons de l'OSE 1938-1945*, Somogy, París, 2009.

Uno puede preguntarse por qué, en nuestra cultura de tecnología milagrosa y con apoyo estatal, hay tanto sufrimiento entre los adolescentes. Las encuestas nos dicen que el 35% de los jóvenes menores de 18 años experimentan episodios de sufrimiento psicológico más o menos duradero.[11] Después de la adolescencia, el 43% de los jóvenes experimentan momentos de tristeza ansiosa que consiguen superar. Eso es mucho sufrimiento en una población adolescente que no está tan mal. Los adolescentes están fumando menos en los últimos años (del 36% al 11%). Las peleas en la escuela y en la calle, que eran la norma hace dos generaciones, son cada vez menos frecuentes en la actualidad. Los embarazos precoces son más raros. Los suicidios han descendido, y el 75% de los adolescentes dicen que les gusta la escuela y valoran a sus profesores. Entonces, ¿cuál es el fallo? El hecho de que una población de adolescentes se desenvuelva bastante bien no impide que pase por momentos dolorosos, que logra superar.

Cuando miro las fotos de clase de los estudiantes de secundaria en los años 1950, me sorprende ver lo que Paul Valéry llamaba «los señoritos». Sólo podías entrar en la escuela si tenías una camisa blanca y una corbata. El supervisor te expulsaba si ibas mal vestido. La vestimenta adecuada era un síntoma de una sociedad normalizadora en la que la coeducación era impensable. Esta última habría adquirido un significado casi perverso cuando la proximidad de los sexos podía dar ideas. Parecía moral separar a los sexos. Las chicas, en sus institutos, estaban sometidas a la exigencia de llevar faldas plisadas azules y calcetines blancos. El código vestimentario mostraba cómo la sociedad concebía el estatus de los sexos: los chicos ya eran caballeros responsables, y las chicas estaban

---

11. Unicef-Francia, «Consultation nationale des 6-18 ans: écoutons ce que les enfants ont à nous dire!», 2014, https://www.unicef.fr/article/consultation-nationale-des-6-18-ans-ecouteons-ce-que-les-enfants-ont-nous-dire.

213

aprendiendo la buena vida. Una chica con pantalones habría sido considerada una futura mujer de mala reputación, y un chico sin corbata habría sido llamado rebelde. Con los roles sociales distribuidos y mostrados de esta manera, los chicos se volvían responsables desde la preadolescencia, como si el discurso social les hubiera enviado el mensaje: «Un día tendrás que cuidar de una esposa y unos hijos, así que debes prepararte para esta responsabilidad». Los chicos mayores se estaban preparando. Se tomaban en serio estas prescripciones sociales y desempeñaban su papel como pequeños caballeros. Las niñas escuchaban otro discurso: «Debéis ser bonitas y correctas, porque un día seréis responsables de un hogar. Debes apoyar a un marido y criar a tus hijos de acuerdo con nuestras normas religiosas y sociales. Ésta será su moral». Setenta años después, mirando estas fotos de clase, descubrimos que los señoritos, hijos de ricos o hijos de pobres, han logrado un rendimiento familiar y social acorde con estas prescripciones. Todos aprendieron un oficio, unos pocos cursaron estudios superiores y una minoría tuvo una vida difícil, a veces trágica. En general, cumplieron el papel que se les encomendó. Las chicas también respetaron las consignas y ocuparon el lugar de un segundo sexo. Su aventura social no tenía mucho sentido. Cuando me licencié en medicina en 1965, el 70% de las mujeres que habían obtenido los mismos títulos que yo decidieron no trabajar para cuidar de sus familias. Hoy en día, el 10% de las mujeres jóvenes toman esta decisión.

Sorprendentemente se habla poco de otra consigna que se dio a los jóvenes señores: «Debéis prepararos para la guerra». Recuerdo que los profesores de historia nos repetían: «Las guerras son cíclicas, no pasarás por la vida sin experimentar una guerra y unas cuantas peleas callejeras». Así que nos preparábamos para la lucha en el ejército o en la calle. A algunos chicos les gustaba este entrenamiento en la violencia, e incluso los que eran amables y se comportaban bien se sentían orgullosos cuando sus padres los inscribían en un club de boxeo. Ésta era la condición masculina.

Las chicas, exentas de esta formación, se sentían bastante aliviadas de no tener que luchar físicamente, lo que las hundía en su condición de segundo sexo. Hoy en día, cuando las chicas se inscriben en masa en los gimnasios de boxeo y de deportes de combate, muestran más bien su deseo de paridad («nosotras también podemos boxear»), y a veces su erotización de la violencia, incluso cuando son guapas y delgadas. La virilización del primer sexo, al heroizar a los hombres, los orientaba hacia el poder y el sacrificio. A principios del siglo XX, los niños de buena familia seguían llevando vestidos de encaje y se les dejaba crecer el pelo en rizos a la inglesa para embellecer su rostro. Luego, a los siete años, se les cortaba el pelo, se les ponían calzones cortos y se les ponía a practicar deportes de combate, esgrima y boxeo francés, donde aprendían a luchar con los pies. Para endurecer a los chicos, a menudo se les ponía en un internado austero y poco afectuoso, mientras que a las chicas se las mantenía en casa para que aprendieran el placer de servir. Así era la buena educación.

Durante la guerra de 1914-1918, muchos de los muertos en las trincheras eran adolescentes que no tenían derecho a voto, lo que, en aquella época, era a los 21 años. En la retaguardia, las mujeres se dividían en dos grupos, las que ignoraban el impensable sufrimiento de los hombres y seguían viviendo lo mejor posible yendo a fiestas y enamorándose,[12] y las que iban al campo o a las fábricas abandonadas por los hombres y descubrían que eran capaces de hacer que todo funcionara. ¿Era tan natural su lugar como segundo sexo? La revelación de las capacidades de las mujeres fue aún más clara después de la Segunda Guerra Mundial, cuando los hombres, durante sus años de juventud,

---

12. Radiguet, R., *Le Diable au corps*, Grasset, 1923.

no habían aprendido nada más que a marchar al paso y a matar el tiempo. Cuando los prisioneros de guerra regresaron en 1945, no sabían hacer nada. Las mujeres habían gestionado los hospitales, la educación, la administración, la agricultura y las fábricas, donde la tecnología empezaba a relativizar la fuerza física. El derecho al voto de las mujeres en 1944 fue uno de los primeros reconocimientos de su capacidad para participar en la sociedad en la nueva aventura social. El entorno verbal, formado por estereotipos y prescripciones morales, se une a la tecnología para modificar la envoltura afectiva que rodea a los niños y guía los nuevos desarrollos. Veinte años después, el feminismo que estalló en Mayo de 1968 fue el resultado de un proceso técnico y cultural que había preparado lentamente la evolución de los sexos y la concepción de los géneros.

Sexo y superpoblación

Hoy, en Europa, los hombres van mucho menos a la guerra. Las profesiones del sector terciario hacen que la sociedad funcione, las mujeres participan eficazmente, la violencia educativa ya no se acepta, así que ¿por qué persiste tanto sufrimiento entre los niños?

Nuestro innegable progreso ha tenido tres efectos secundarios:

- superpoblación,
- dilución afectiva,
- pérdida de sentido.

A medida que nuestros medios de transporte se hacen más rápidos y cómodos, descubrimos que nuestro planeta no es grande. Cuando el tamaño de una población aumenta en una determinada parte del mundo, se modifica intensamente el medioambiente y los recursos. Nuestros técnicos crean ecosistemas artificiales donde las carreteras traen alimentos, los canales traen agua y la administración rige las relaciones sociales. En este nuevo entorno, las condiciones de vida cambian. Tuve la oportunidad de ser invitado a las maravillosas universidades de México en Ciudad de México, Monterrey y Guadalajara. Me encantó el calor emocional de los académicos, pero había que levantarse a las 5 de la mañana, coger el coche a las 6 y empezar las clases sobre las 9, porque el tráfico era muy denso en esa megalópolis de 22 millones de habitantes. Los estudiantes eran muy elegantes y leían los mismos libros que nosotros en Francia, las chicas no temían usar escote, comíamos entre las 3 y las 4 de la tarde, el decano de la universidad cantaba un aria de Verdi durante los postres, y luego volvíamos a trabajar hasta las 10 de la noche. Me acosté encantado y agotado por unos ritmos adaptados al espacio de una megalópolis tanto como a la costumbre española. En Tokio, donde viven 44 millones de personas, los ritmos biológicos estaban mejor adaptados gracias a las cintas transportadoras y el transporte colectivo que van en todas las direcciones.

La explosión demográfica se produjo en medio siglo. En 1950, Nueva York era la única megaciudad con más de 10 millones de habitantes. En la actualidad, 28 ciudades superan esa cifra, la mayoría en Asia. Al principio de la historia de nuestra especie, éramos pocos en la Tierra. Hace 100.000 años, se calcula que había un millón de *Homo sapiens*. Pronto alcanzaremos los 8.000 millones de seres humanos. Antes del Neolítico, hace 10.000 años, las poblaciones humanas se regulaban de acuerdo con las mismas limitaciones que las poblaciones animales. Las glaciaciones, el calentamiento, las sequías y las hambrunas estabilizaron la población humana en 10 personas por cada 100 kilómetros cuadrados.[1]

Con la llegada de la agricultura y la ganadería, la esperanza de vida aumentó considerablemente. Sin embargo, al crear un entorno sedentario y almacenar alimentos, los humanos favorecieron las epidemias de peste y tifus. El crecimiento demográfico siguió siendo lento, ya que las poblaciones estaban reguladas por una elevada mortalidad. Al domesticar la naturaleza, construir casas y tener animales, la civilización neolítica inventó un entorno físico que esculpió de forma diferente el cerebro de los niños, turorizó nuevos desarrollos y priorizó valores morales

---

1. Boetsch, G., «Surpopulation», en C. Susanne, E. Rebato, B. Chiarelli (eds.), *Anthropologie biologique*, De Boeck, Bruselas, 2003, pág. 419.

antes no imaginados, como la propiedad de la tierra y el dominio sobre otros seres vivos.

Un segundo salto evolutivo se produjo en el siglo XIX, tras el impulso de la era industrial.[2] Los niños dejaron de morir de toxicosis en cuanto se lavaron los biberones, y las mujeres dejaron de infectarse en el parto en cuanto se introdujo la profilaxis del parto. El gran aumento de la esperanza de vida ha cambiado la imagen que las mujeres tienen de sí mismas, y puede que hayan pensado: «Cuando moríamos a los 36 años después de trece embarazos, no teníamos tiempo de hacer planes, ése era nuestro destino. Ahora que morimos varias décadas después de la menopausia, sentimos una gran injusticia cuando las normas sociales nos limitan». La invención de un nuevo entorno, el aumento de la esperanza de vida, han cambiado la escala de valores morales. Pero ha aparecido un efecto secundario: al retrasar la muerte, las culturas de la industria y la virtualidad han creado el continente de los viejos y la clase de los pobres.

El concepto de superpoblación sólo puede entenderse si se acepta la idea de que una reunión de seres vivos concentrados en un espacio que crece por encima de los recursos disponibles.[3] Cuando en un lugar ya no hay nada para comer ni beber, cuando la acumulación de residuos produce epidemias, hay que irse o morir. Al principio, la tecnología aumentaba el número de seres vivos en un espacio limitado sin provocar la superpoblación. Los arquitectos saben amontonar viviendas confortables y aportar agua y luz. Los urbanistas organizan los transportes, los industriales fabrican los materiales y los administradores legalizan la construcción de este entorno que ha

---

2. Jorland, G., *Une société à soigner. Hygiène et salubrité publiques en France au XIXe siècle*, Gallimard, París, 2010.

3. Boetsch, G., «Surpopulation», *art. cit*, pág. 419.

aumentado el número de seres humanos en la Tierra de un millón hace 100.000 años a 2.000 millones en 1900 y pronto a 8.000 millones en 2030. Desde entonces, la sobreexplotación de las tierras agrícolas ha provocado una grave escasez de alimentos, la concentración urbana no sólo ha aumentado la población, sino que ha categorizado los barrios en función de intereses políticos opuestos, los ricos contra los pobres, los educados contra los incultos.

Los trabajos ecológicos saben evaluar el calentamiento del planeta, la contaminación atmosférica, la erosión de la tierra, la desertización por falta de agua, la pérdida de resiliencia de las plantas que crecen mal y ya no son capaces de enfrentarse a los parásitos. El planeta se debilita mientras la población aumenta. Los cambios ecológicos provocan regularmente movimientos de población que dan lugar a guerras. En el siglo XII, una inmensa sequía hizo que los mongoles buscaran agua en China, que se defendió reforzando la Gran Muralla. En el transcurso de estas invasiones, la mitad de la población china desapareció. Cuando Cortés desembarcó en América Latina con once barcos que transportaban seiscientos aventureros y dieciséis caballos, provocó guerras entre los países vecinos[4] que propagaron la viruela, el tifus y la salmonelosis. En pocas décadas, la población de 22 millones de personas se redujo a 2 millones. El África subsahariana, expoliada por siglos de esclavitud árabe y cristiana, tiene dificultades para estructurar una organización de las ciudades y la asistencia sanitaria. Pero el pasado pesa mucho[5] y en la República Democrática del Congo la esperanza de vida de las mujeres no supera los 40 años. En Europa, «en el siglo XVII, su esperanza de vida rondaba los 32 años, lo que explica una

---

4. Attali, J., *1492*, Fayard, París, 1991.
5. Charles-Nicolas, A.; Bowser, B. (eds.), *L'Esclavage: quel impact sur la psychologie des populations*, Idem Éditions, 2018.

elevada tasa de fecundidad [...] con un bajo número de hijos supervivientes».[6]

En estos contextos, las necesidades de la población ya no están cubiertas por los recursos naturales. La pareja y la familia adquieren un valor de supervivencia y el matrimonio sirve para mantener una organización social. El placer sexual, la comprensión psicológica y el amor no son más que cualidades secundarias, una especie de buenas sorpresas que sólo se convierten en valores prioritarios en los países ricos y pacíficos. Aún hoy en día, en la India, el matrimonio concertado sigue siendo más protector y moral que el matrimonio por amor. En una ecología difícil donde la gente muere joven, la pareja se ve obligada a ser solidaria sea cual sea el coste emocional. El aborto es un crimen porque hace vulnerable al grupo y posibilita su desaparición. Una mujer sin hijos y un hombre sin violencia no tienen valor social. Pero en un contexto pacífico, en el que el sistema ecológico no causa superpoblación y produce recursos suficientes, el desarrollo de la persona, hombre o mujer, se convierte en una prioridad. En este contexto, el aborto adquiere el significado de respeto a la mujer. Antes de la legalización del aborto (1975 en Francia), las mujeres morían de sepsis, a menudo quedaban estériles, avergonzadas y desesperadas después de tal transgresión. Hoy ellas controlan la maternidad, la convierten en un momento excepcional de su condición de mujeres y son felices cuando se sienten rodeadas y aseguradas por el padre, la familia y la sociedad. Esta observación nos permite decir que la densidad de la población atribuye diferentes significados al matrimonio, la sexualidad, el parto y la jerarquía de valores morales.

Hay que destacar que la población constituye un estímulo que modifica el funcionamiento biológico de los individuos que la componen. En todos los mamíferos, humanos o animales, el

---

6. Boetsch, G., «Surpopulation», *art. cit*, pág. 421.

empobrecimiento sensorial no estimula suficientemente el cerebro, lo que ralentiza el desarrollo orgánico y relacional. Por el contrario, «el hacinamiento provoca un estrés incesante que, al agotar el sistema hormonal, produce un descenso de la población mucho antes de que se manifieste la falta de alimentos.[7] El ejemplo que mejor ilustra esta idea es el de los ciervos de la isla James (Maryland). En 1916, cinco ciervos fueron introducidos en este paraíso ecológico donde había agua, comida, un clima tolerable y mucho espacio. En 1955, había trescientos animales en perfecto estado de salud. De repente, en 1958, la mitad de la población murió, aunque no había ninguna epidemia. En los años siguientes, sólo quedaban ochenta ciervos. La única causa de la disminución de esta población se atribuyó a una alteración de las células de las glándulas suprarrenales, agotadas por el estrés prolongado.

Esta antigua observación fue confirmada posteriormente por toda una serie de publicaciones que precisaban que la hiperdensidad poblacional, al sobreestimular el organismo, provocaba un agotamiento hormonal. Las hembras, al segregar menos hormonas femeninas, se vuelven más masculinas y en los jóvenes varones la pubertad se retrasa. Algunos experimentos de laboratorio confirman que la superpoblación, incluso en presencia de alimentos abundantes, altera el organismo.[8] El experimento llamado «la ciudad de las ratas» ha vuelto a salir a la luz por el reciente desastre del coronavirus (2020). Calhoun, un etólogo estadounidense, había construido un «edificio de madera» donde una población de ratas podía desplazarse. En una parte de esta gran jaula, las ratas dominantes ahuyentaban a las ratas sobrantes, regulando así la densidad. Las ratas que eran expul-

---

7. Eibl-Eibesfeldt, I., *Ethologie. Biologie du comportement*, Naturalia et Biologica, Éditions scientifiques, París, 1972, pág. 356.

8. *Ibid.*, pág. 356.

sadas se retiraban a una parte del «edificio» donde se amontonaban.[9] En esta zona, el etólogo descubrió que las ratas, sanas y bien alimentadas, desarrollaban rápidamente importantes problemas de comportamiento. La presencia incesante de otras ratas demasiado cerca redujo la distancia intercorporal, necesaria en todos los seres vivos. Una presencia demasiado cercana impedía los rituales de interacción y tenía un estresante. Los animales, incapaces de huir, sólo podían luchar. El infanticidio y el canibalismo fueron las primeras manifestaciones graves, seguidas del cese de toda actividad sexual. Este «naufragio conductual» destruyó el grupo de animales debido a una condición de hacinamiento en la que cada individuo enfermaba aun estando sano y con comida suficiente. La variable mortífera era la superpoblación.

El modelo animal ofrece una hipótesis, pero no permite una extrapolación. No se puede decir: «Si es cierto en las ratas, es cierto en los humanos». Hay muchas otras variables que intervienen, sobre todo simbólicas. Pero, a la luz de esta experiencia, podemos preguntarnos cuál puede ser el efecto de la hiperdensidad en los seres humanos. Es habitual observar que en las cárceles superpobladas la violencia se vuelve incontrolable.[10] Cuando una multitud se dirige a un objeto externo, la violencia se canaliza, pero en cuanto el objeto de odio desaparece, los individuos de la multitud se vuelven violentos entre sí.[11]

En la primavera de 2020, un acontecimiento sin precedentes reafirmó esta hipótesis: la aparición de un coronavirus mortal legitimó un encierro en un número muy elevado de países. Dos

---

9. Calhoun, J. B., «Population density and social pathology», *Scient. American*, 206 (2), 1962, págs. 139-148.

10. Paulus, P., *Prison Crowding: A Psychological Perspective*, Springer-Verlag, Berlín, 1988.

11. Freedman, J. L., *Crowding and Behavior: The Psychology of High-Density Living*, Viking, San Francisco, 1975.

días después, las líneas telefónicas de emergencia para casos de maltrato estaban desbordadas y pronto se necesitaron otras nuevas. La violencia doméstica se da en todos los ámbitos de la vida, pero la contención la ha hecho aflorar en los pequeños hogares de los barrios pobres. En las favelas de Brasil y Perú, que he tenido la oportunidad de visitar, no hay restricciones de espacio para los niños que corren por todas partes protegidos por los adultos. La violencia aparece en la adolescencia, cuando no pueden abandonar la favela porque, para ellos, la integración social es apenas posible. Cuando la epidemia del virus interrumpió el transporte de alimentos, la violencia en las favelas se convirtió en un valor adaptativo, y los chicos exhibieron su dignidad y coraje incrementando sus ataques en los barrios ricos. La reducción del espacio desencadenó en ellos una agresividad desenfrenada, valorizada por la cultura de los pobres.

El sexo, solo en la multitud

En los países que tienen acceso a la modernidad, las madres no están protegidas. Las mujeres participan en la competición social con un éxito creciente. Sin embargo, las depresiones perinatales no dejan de aumentar, sobre todo en entornos socialmente precarios.[1] Un bebé inmerso en el medio constituido por una madre deprimida vive en un nicho pobre, en el que toda información le asusta. Y un bebé que vive en contacto con una madre agitada por su actividad social y su carga familiar se encuentra en la situación de un organismo sobreestimulado, constantemente alerta.[2] El perfeccionismo parental no se expresa de la misma manera en madres y padres. Las madres, agotadas por su deseo de hacerlo bien, sufren de trastornos que desorientan a los niños. Y los padres agotados aprietan los dientes y guardan silencio. Estos padres y madres, excesivamente entregados a sus hijos, no les ofrecen una base segura. Los niños pequeños se adaptan a este entorno estresado volviéndose distantes, inexpresivos, a veces exasperados, gritando al menor estímulo y siendo difíciles de calmar. La mayoría de las veces, se vuelven ambivalentes y atacan a los padres «que lo han hecho todo por ellos». Esto es cierto, pero no es lo que necesitan los niños. Necesitan un nicho afectivo en el que varias figuras de apego se

---

1. Dugnat, M. (ed.), *Bébé attentif cherche adulte(s) attentionné(s)*, Érès, Toulouse, 2018.

2. Roskam, I.; Mikolajczak, M., *Le Burn-out parental*, De Boeck, Bruselas, 2018.

coordinen para rodearlos, hacerles sentirse seguros y energizados. Pero la modernidad no proporciona a los niños un entorno semejante, ya que ambos padres están constantemente estresados y a la carrera.

Afortunadamente, nuestra cultura ha inventado las profesiones de la primera infancia, donde guarderías, auxiliares de guardería y maestros de jardín de infancia estructuran un nicho sensorial moderno que protege a muchos niños. Este entorno emocional y educativo es diferente al de los niños del pasado. En 1950, el hogar paterno era estable, diferenciado (un hombre no es una mujer) y coordinado. Las abuelas eran más infrecuentes que hoy en día, y las niñeras se encontraban en los círculos adinerados donde la mujer casada era la administradora de un hogar financiado y regulado por el padre. Desde los años 1980, se han introducido nuevas normas que estructuran los hogares. Las mujeres han conseguido su independencia. Las parejas de hecho son cada vez más numerosas y a veces ya no viven juntas. La mayoría de las parejas son uniones civiles (80%), lo que facilita la separación si surgen problemas. Además, el 60% de las parejas se separan al cabo de unos años y el 60% de los niños nacen fuera del matrimonio, sobre todo en las grandes ciudades. Al mismo tiempo, están apareciendo matrimonios tardíos en los que, tras un largo período de convivencia, los hijos se divierten en la boda de sus padres. La custodia compartida, que permite que los padres sufran menos por la separación, proporciona un hogar alternativo para los niños. Cada día, trescientas cincuenta parejas se separan. La custodia de los hijos se otorga a la madre (73%), al padre (7%) o es una custodia compartida (17%). Incluso cuando los padres se esfuerzan por no agredir al ex cónyuge para no perjudicar a los hijos, las relaciones se ven muy alteradas. Los rituales cambian de un hogar a otro, los ritmos biológicos y las rutinas que producen buenos resultados escolares se rompen con cada cambio. Los padres se vuelven seductores y menos autoritarios. Algunos niños disfrutan teniendo dos hogares y aliviando la presión de los padres, pero otros sufren por esta inestabilidad.

Hoy en día, en Occidente, la pareja ya no sirve para mantener las estructuras sociales, como en las culturas hindúes, donde los matrimonios se acuerdan para que la entente entre familias ayude y proteja a la pareja. En nuestra cultura, interpretamos este hecho diciendo que las jóvenes son alienadas por la cultura que las entrega en matrimonio, olvidando que los jóvenes también son entregados por los padres que desean unir a las familias. Lo que forma la pareja en nuestra cultura, donde el individuo es un valor prioritario, es la visión del mundo que organiza los proyectos de los *partenaires*. Socialmente firman un pacto, y psicológicamente están contentos de trabajar para la realización de un proyecto compartido. Este contrato implícito depende de cada pareja: algunos sueñan con una existencia intelectual, otros quieren ganar mucho dinero, viajar o divertirse, y una proporción cada vez mayor aspira a una vida sencilla con no demasiados hijos, unos cuantos animales y un grupo de amigos. Mientras se respeta esta disposición, cada uno refuerza al otro, pero en cuanto los planes divergen, surge fácilmente la idea de separación.

Esta libertad ganada, el respeto de la elección de los jóvenes, provoca paradójicamente una sexualización de las profesiones y una escisión en la sociedad. Las mujeres jóvenes eligen ciertas profesiones en las que su rendimiento es excelente. Suelen dedicarse a la psicología, donde, en todos los países, constituyen más del 90% de la población estudiantil. También prosperan en medicina: el 75% de las estudiantes de medicina han aprobado el bachillerato de ciencias con buena nota. En lugar de dedicarse a las matemáticas o a la tecnología, prefieren dedicarse a la medicina, profesión en la que consiguen entre el 70% y el 80% de los puestos de jefe de clínica. Las cifras son las mismas en el caso de los veterinarios, los jueces, los profesores y los enfermeros, donde constituyen el 80% de los licenciados.

El otro efecto inesperado de este florecimiento femenino es la división en la sociedad. Una mujer con estudios superiores es probable que conozca a un hombre con estudios superiores. Comparten la misma concepción de la aventura social y de la vida conyugal, controlan la fecundidad, tienen 1,8 hijos, se ganan la vida dignamente, encuentran guarderías o pagan a cuidadores de niños sin dificultad, porque ambos trabajan, viajan y tienen muchos amigos.

El fenómeno más sorprendente es el declive de la sexualidad. El matrimonio ha perdido su función socializadora y sanitaria, se ha convertido en un acuerdo sexual y afectivo. Los hijos ya no tienen una misión de supervivencia, los varones en la fábrica o en la guerra, las chicas en casa. Y el acto sexual en sí ya no tiene su efecto sagrado, que es sustituido por la valorización del placer y la intimidad. Por eso me pregunto por qué tantos jóvenes perciben el mundo con acritud. Esta palabra, que proviene de la medicina, hace referencia al sabor acre de la bilis y a lo agrio de la vida cotidiana. En las últimas décadas ha surgido un rito oculto, casi transgresor, en el que una adolescente (más a menudo que un chico) se escarifica las muñecas o la cara interna de los muslos y luego esconde las incisiones bajo un brazalete o una falda.[3] Este acto designa la pequeña herida que traza en el cuerpo una tendencia al castigo, ¿quizás incluso un deseo de sacrificio? Muchas culturas escarifican las mejillas o la frente de los chicos para que su pertenencia a un grupo sea visible en sus rostros, como una firma en un pergamino de piel donde el chico dice que está dispuesto a renunciar a parte de sí mismo para defender a su grupo. La circuncisión, al marcar la huella de Dios en el cuerpo del niño, significa que acepta esta pequeña mutilación para que de su sexo nazca un alma que sirva a Dios.

---

3. Rioult, C., *Ados: scarification et guérison par l'écriture*, Odile Jacob, París, 2013.

Desde que las chicas participan en la aventura social, sienten necesidad de demostrar que también ellas son capaces de sacrificarse. Cuando sienten deseos de comprometerse socialmente y sienten rabia por no conseguirlo, se automutilan ligeramente. En Israel, por ejemplo, algunas chicas se tatúan en el antebrazo el número que llevaban sus abuelos en Auschwitz. Su deseo de pertenencia, su necesidad de compromiso, su rabia por sentir que les ponen obstáculos, bien valen el sacrificio. Sobre todo porque el sufrimiento tiene un efecto redentor: «Estoy dispuesta a pagar la pena por mi falta. Me avergüenza ser feliz mientras que mis antepasados sufrieron. Al compartir sus padecimientos, me acerco a ellos. Pertenezco a esta difícil y gloriosa filiación». ¿Es éste el significado de las escarificaciones y los autocastigos que se infligen los jóvenes?

La ontogénesis, la construcción del individuo desde el óvulo fecundado hasta el primer acto sexual, es extremadamente diferente de la ontogénesis sexual de las generaciones anteriores. La ecología pericorporal de las interacciones tempranas se ve modificada por el nuevo modo de vida de los padres. La ecología intermedia de los primeros años de vida del niño está estructurada hoy en día por padres que no tienen descanso, por las profesiones de la primera infancia y por la escuela infantil. La ecología lejana, la de los cuentos, atribuye una nueva función al sexo, un nuevo sentido al parto. Otras emociones, otros comportamientos, tutorizan un nuevo camino hacia el acto sexual.

La primera vez

Alrededor de los 13-14 años, el fuego hormonal desencadena las ansias de amor. El primer amor se extingue por sí mismo, sin confesión, sin contacto, sin el más mínimo beso, lo que no quiere decir sin emoción intensa. No es un amor platónico porque no está «libre de toda sensualidad», como dijo Platón durante su banquete. Alrededor de los 15 años, el deseo toma forma, uno «sale» con el objeto de su pasión: se habla, se bromea, por no atreverse a decir palabras tiernas, los jóvenes se toman de la mano, un acto intenso que confirma la aceptación del primer beso.

Los cuestionarios anónimos nos dicen que hoy en día, en Occidente, un joven experimenta su primera relación sexual a los 17 años y tres meses. Los chicos hacen su primera petición y las niñas experimentan su primera ambivalencia: «Siento deseo y tengo miedo». Poco a poco, uno adquiere cierto control sobre sí mismo y el primer amor, que empezó tan bien, casi siempre acaba mal.[1] La familia y la sociedad ya no tienen que dar permiso para tener relaciones sexuales. El adolescente, para descubrir lo que le espera, se remite a los modelos que le ofrece su contexto cultural. Evita imaginar el acto sexual de sus padres, que le provocaría un malestar incestuoso; prefiere ir al cine, aislarse detrás de una pantalla o lucirse con sus amigos. Las chicas hacen más

---

1. Cyrulnik, B.; Delage, M.; Blein, M.-N.; Bourcet, S.; Dupays, A., «Modification des styles d'attachement après le premier amour», *Annales médico-psychologiques*, 165 (3), 2007, págs. 154-161.

o menos lo mismo, dan menos importancia a las pantallas pero se someten más a los mandatos verbales de las amigas: «Tiene miedo...», «No es sexy».

El primer encuentro sexual carece de poesía. En las sociedades en las que el matrimonio es concertado, la primera noche se vive con una emoción intensa y violenta, en la que la penetración se asocia a la curiosidad más que al placer cuando las chicas ven cómo el pene las penetra. Lo importante para los jóvenes es la celebración de la ceremonia que demuestra la aceptación social. Hasta los años 1970 y 1980, el primer encuentro sexual se producía a escondidas de los padres, como una transgresión ante la autorización religiosa y social. Hoy en día, son los propios jóvenes los que deciden el momento y el lugar adecuados. Los rituales de solicitud de sexo son poco definidos, dependen de la expresión corporal y ya no de los rituales sociales. Cuando el desarrollo de los futuros *partenaires* les permite una expresión controlada e incluso lúdica de las emociones, la sincronización de los deseos se produce acompañada de euforia. Pero si uno de los dos ha desarrollado miedo a la sexualidad o incluso horror ante ella, la interacción, perturbada, ya no sincroniza los deseos y el primer encuentro se siente como una agresión.

Se preguntó a los adolescentes cómo fue su primer encuentro.[2] Casi el 61% dijo que ocurrió en el momento y de la manera correcta, el 20% dijo que ocurrió demasiado pronto, que no estaban preparados y que no estaban seguros de haber aceptado realmente el acto sexual. Y el 20% restante dijo que no se lo había planteado y seguía sin hacerlo. Estas cifras confirman que la madurez sexual no se produce al mismo tiempo para todos. El deseo asumido depende de las condiciones de desarrollo, biológicas y emocionales mucho más que de la edad legal de con-

---

2. Moreau, N.; Castetbon, K., *et al.*, «Feelings about first sex and quality of life in adolescents», *Neuron*, 24 (10), 2019, págs. 37-40.

sentimiento (15 años). La ley corresponde a la madurez de una pequeña mayoría (60%). Los otros jóvenes no están preparados, lo estarán más tarde o quizás nunca, viven la sexualidad como una obligación, un deber o incluso una agresión.

Como siempre, hay un desequilibrio de género. Más de la mitad de los hombres recuerdan un momento feliz, mientras que dos tercios de las mujeres se lamentan de que no haya ido mejor. En Inglaterra, el 20% de los chicos y el 40% de las chicas tienen un fuerte sentimiento de arrepentimiento, e incluso el 7% de los chicos y el 22% de las chicas piensan que fueron forzados, especialmente cuando el solicitante era de mayor edad. Incluso cuando el fuego del deseo está presente, no implica necesariamente aceptación.[3] La maduración física del deseo depende del género, la estructura familiar, el estatus social y el significado que las narrativas culturales atribuyen a la sexualidad. La convergencia de estas presiones ambientales sobre los organismos en desarrollo puede conducir a una sensación de felicidad sexual duradera, así como a un horror persistente, o a un cambio de sentido: uno puede aceptar felizmente a los 17 años y horrorizarse a los 40 por haber aceptado.

Este razonamiento sistémico descalifica una vez más las explicaciones de causa única y nos invita a preguntarnos, en cambio, cómo una cifra poblacional puede revelar un fracaso educativo social. En las últimas décadas ha aparecido un fenómeno inesperado en algunas culturas: ¡el miedo al sexo![4] En Estados Unidos, en 1991, el 80% de los jóvenes de 18 años ya habían mantenido relaciones sexuales. En 2017, a la misma edad, sólo el 45% ha tenido relaciones sexuales. En Gran Bretaña y los Países Bajos, la edad de la primera relación sexual se ha retrasado

---

3. Springora, V., *Le Consentement*, Grasset, París, 2020.
4. Kate, J., «Why are young people having so little sex?», *The Atlantic*, noviembre de 2010, citado *en The Shrink Circle*, 33, junio-agosto de 2019, págs. 20-21.

hasta los 18,5 años, en una relación en la que los besos y el coqueteo son poco frecuentes.[5] Pero es sobre todo en Japón donde este fenómeno ha despegado. En 2005, el 30% de la población de 34 años no había tenido nunca relaciones sexuales. En 2015, son el 43%. Entre los 18 y los 34 años, las frases estereotipadas que explican este descenso en las relaciones sexuales son, en el caso de los chicos: «Las mujeres dan miedo, prefiero quedarme con mis colegas». Y en el de las chicas: «Los chicos son asquerosos, se pasan el tiempo viendo porno en internet». En Brasil y en Francia, escuché a menudo: «Es muy difícil vivir con una mujer. Mejor me lo monto por mi cuenta». En Japón, este fenómeno afecta a un millón de jóvenes de entre 25 y 30 años, una mayoría de varones que, tras el bachillerato, inician estudios poco orientados y luego los abandonan poco a poco. Pierden el interés por las chicas, los estudios, los deportes y los amigos y finalmente se sienten mejor solos en una habitación en casa de sus padres o en la ciudad, con una guitarra y unos cuantos videojuegos. Este proceso de retraimiento puede observarse en las sociedades tecnológicas: los japoneses lo llaman *hiki-komori*, los españoles, los italianos y los emiratíes hablan de «retirada social»,[6] mientras que los canadienses se preocupan por esta enorme desconexión, en la que hombres jóvenes, sin ninguna patología psiquiátrica evidente, se hunden entre los brazos de un sillón o entre las sábanas de una cama.[7] No son agresivos, ni

---

5. Lewis R *et al.*, «Heterosexual practices among young people in Britain: Evidence from three national surveys of sexual attitudes and lifestyles», *Journal of Adolescent Health*, 61 (6), 2017, págs. 694-702.

6. Guedj-Bourdiau, M.-J., «Retrait social des jeunes: phénomène polymorphé et dominants psychopathologiques. ¿Qué respuestas?», *Información Psiquiátrica*, 93, 2017/4, págs. 275-282.

7. Deslauriers, J.-M.; Tremblay, G. *et al.*, *Regards sur les hommes et les masculinités. Comprendre et intervenir*, Presses de l'Université de Laval, Quebec, 2011.

están realmente deprimidos, pero se desvalorizan en la competición social. «Soy una mierda..., los demás son mejores que yo, su éxito me inhibe, hablan mejor que yo, son alegres, relajados, soy un torpe a su lado. Me siento mejor solo, si me aíslo dejo de sentir esta baja autoestima».[8] Cuando la competencia les produce ansiedad, dimitir los calma. La mayoría de estos abandonos extremos se ven en chicos inhibidos por las expectativas que tenían acerca de sus rendimientos, en contraste con el éxito de las chicas. Para ellos, la educación paritaria ha adquirido la forma de una rivalidad en la que se reconocen vencidos: «Las chicas son demasiado buenas para mí y los chicos que las cortejan están mucho más seguros de sí mismos». Estos desertores suelen haber tenido una infancia feliz y algo protegida. Son bastante buenos estudiantes, pero se sienten aliviados cuando lo dejan. Y los padres, avergonzados e infelices, agravan su angustia cuando quieren ayudarles.

El sexo ya no es sagrado, el deber conyugal ya no se valora, y el sexo liberado «ha adquirido una dimensión higiénica, a veces se practica como la zumba».[9] Es eficaz contra la depresión, la diabetes y las enfermedades cardíacas, y alarga la esperanza de vida. Esta nueva fisiología del sexo es lo contrario del matrimonio social, en el que el grupo pide a la pareja que entregue su cuerpo para fortalecer el tejido colectivo. El hombre debe dar el resultado de su trabajo y de su lucha, y la mujer debe ofrecer el producto de su vientre a la sociedad. En Quebec se sigue hablando francés porque los sacerdotes entraban en las casas para vigilar los vientres de las mujeres, para luchar contra la dominación inglesa. En Rumanía, Ceausescu hacía revisar la ropa interior de las mujeres para que dieran a luz a obreros que per-

---

8. Saada, A.; Vouteau, S., *En retrait du monde, je suis un hikikomori*, Pygmalion, París, 2018.

9. Héril, A., *Femme épanouie. Mieux dans son désir, mieux dans son plaisir*, Payot, París, 2016.

mitieran compensar la deuda pública. En Oriente Medio me han explicado a menudo que la fertilidad de las mujeres musulmanas ayudaría a ganar la guerra contra Israel. Cuando el sexo asume una misión de esta clase, amputa la personalidad de ambos miembros de la pareja.

En una cultura en la que la escuela da acceso a la promoción social, las chicas, muy estimuladas, tienen más éxito que los chicos. Dan a sus esfuerzos un sentido de liberación o venganza contra su anterior condición de mujeres oprimidas. El significado que le dan a las cosas modifica su forma de sentirlas: «Vale la pena el esfuerzo, tengo todo por ganar», piensan. Las chicas se enganchan, mientras que los chicos se desenganchan.

XX frente a XY

El determinante biológico explica en parte por qué las mujeres XX son más estables, maduras y se desarrollan de forma más equilibrada que los niños.[1] El punto de partida genético de la autoconstrucción es inevitable, pero es poco determinante, ya que los cromosomas no son tan estables como se pensaba y dan direcciones de desarrollo sorprendentemente diferentes según el contexto sociocultural. En la antigua Roma, donde se esclavizaba a las mujeres, en la Edad Media, cuando se las encerraba, en la era industrial, cuando se las explotaba, su calidad psicológica era poco valorada en un contexto que sólo necesitaba fuerza física, violencia y valentía para matar a la caza mayor y hacer la guerra. En esa cultura, la virilidad era el valor supremo, muy superior al equilibrio psicológico. Desde que la tecnología ha relativizado la importancia del músculo, desde que la escuela y el arte de las relaciones es lo que orienta hacia los puestos de responsabilidad, las mujeres se han vuelto excelentes, especialmente las asiáticas. En China, Corea, Japón, obtienen los mejores resultados como en todas partes, pero es la cultura familiar la que tutela los desarrollos, ya que las hijas de padres chinos emigrados obtienen mejores resultados que las hijas de padres árabes. Este determinante biológico (ser niña) no es una cualidad superior, sino que es la cualidad más adaptada a las nuevas estructuras familiares y sociales, como propuso Darwin para explicar la evolución.

---

1. Strauch-Bonart, L., *Les hommes sont-ils obsolètes?*, Fayard, París, 2018.

En las sociedades modernas, el género dará el poder a las chicas: «Las mujeres estarán mejor que sus cónyuges».[2] El sexo hoy en día, reducido a su efecto de placer inmediato y tejido de vínculo, ya no será tan poderoso como fuente de orientación social. La nueva jerarquía ya no se basará en la fuerza física, la violencia fundadora o el linaje feudal. Es la educación la que jerarquizará las sociedades. Las parejas con estudios superiores se organizarán de forma más equitativa. Darán la impresión de ser una pareja de socios, unidos y coordinados por un proyecto familiar y social. El sexo habrá perdido su función sagrada que lo hacía trascendente, y por tanto aterrador, y sólo conservará su aspecto de placer e intimidad. Estas parejas pacíficas se parecerán a las parejas de creyentes que, compartiendo la misma concepción de la vida, la misma orientación moral, se ayudan mutuamente, son fieles y tienen pocas relaciones sexuales.[3] Se diferenciarán de las parejas pasionales, con tormentas maravillosas, y de las parejas resignadas, cuya aburrida tranquilidad revela que el sexo ha conservado tan sólo una función de mantenimiento del vínculo.

A estas parejas con un alto nivel de formación, asociadas en un proyecto de vida, se opondrán a las parejas con contratos de duración determinada, en las que el «sálvese quien pueda» sólo dará tiempo a hacer uno o dos hijos que las mujeres criarán solas. Cuando se haya consumido el maravilloso delirio del primer amor, el deseo sexual de hombres y mujeres no se extinguirá. Entonces, nacerá la era de los encuentros breves para tener sexo sin vincularse. Bastará con la aventura de una noche. ¡Ay del que ame! Se verá perjudicado por una sepa-

---

2. «Jérôme Fourquet: Les femmes auront demain une meilleure situation que leur conjoint», observaciones recogidas por A. Rosencher, *L'Express*, octubre de 2019, págs. 34-38.

3. Saroglou, V. (ed.), *Psychologie de la religion. De la théorie au laboratoire*, De Boeck, Bruselas, 2015.

ración prematura que le dará la impresión de ser desechado tras ser usado. ¡Ay del que se vincule! Será fácil de explotar. El deseo sexual, desvinculado de la restricción conyugal, se verá facilitado por las citas *online*, donde la inteligencia artificial sustituirá a la ley del padre. Los algoritmos rastrearán las creencias religiosas, las actividades de ocio, coral o paseos, y los niveles de ingresos para parejas cuya felicidad será pacífica y sin amor. Gracias de la tecnología, los menores de 25 años tendrán su primera experiencia, los separados encontrarán sustitutos efímeros y los ancianos establecerán una relación amistosa, segura y sin sexo que les bastará para su vejez.[4] La máquina gobernará los corazones, los que ganan poco se presentarán con un *selfie*, mientras que los que ganan mucho lo harán con una presentación bien escenificada. Nos iremos rápidamente a la cama, nos despediremos sin el menor cuidado para evitar el apego, que es una fuente de sufrimiento y un freno social.

¿Quién ganará en estos nuevos juegos de amor sin azar? Las chicas, por supuesto. Más maduras, más independientes, con mayor control sobre su deseo, capaces de gestionar una agenda más cargada, las mujeres estarán dispuestas a pagar este precio por su libertad. La fuerza física, la violencia y la valentía, que permitían a los hombres dominar a las mujeres ofreciéndoles el fruto de su sacrificio, se convertirán en un escenario obsoleto, casi ridículo, en un contexto en el que la tecnología aplanará los sentimientos. La época en la que las historias sagradas les decían a los hombres que debían dominar la naturaleza, los animales, las mujeres y los niños parecerá tan grotesca como las imágenes del siglo XIX que representaban a un hombre con un garrote y arrastrando a su mujer por el pelo.

---

4. Bergström, M., *Les Nouvelles Lois de l'amour. Sexualité, couple et rencontres au temps numérique*, La Découverte, París, 2019.

Se instaurará una solidaridad femenina para intercambiar algunas palabras riendo en torno a la mesa de un restaurante, para hacer confidencias entre amigas, dar algunos consejos domésticos y educativos, y organizar pequeñas escapadas de vacaciones.

¿Cómo se adaptarán los hombres a estas nuevas mujeres? Los que puedan jugar el mismo juego escolar, compartir la misma política existencial, cuidar de los hijos y disfrutar de las actividades de ocio, tendrán jornadas densas y conocerán la ligera felicidad de una pareja liberada de una sexualidad metafísica. Estas parejas educadas, activas y serenas crearán un nicho sensorial seguro en torno a sus hijos, los matricularán en un buen colegio, en un barrio tranquilo donde podrán crear un hogar estable, lejos de sus padres, en otro país, con un cónyuge de otra fe o color.

Muchos hombres acabarán siendo como vagabundos, irán de flor en flor: una tarde fútbol, una noche de cervezas con los amigos, unas cuantas aventuras de una noche y trabajos inestables. Sus mujeres dirán que trabajan para mantener a dos hijos y un marido. Con estas palabras, redescubrirán la generosidad condescendiente que expresaban los hombres a principios del siglo XX cuando decían dándose importancia: «¡Tengo una esposa y tres hijos, señor!».

El escenario más oscuro será el de los hombres que no sabrán participar en esta nueva condición porque en su infancia habrán adquirido demasiados factores de vulnerabilidad, porque habrán pasado por la escuela sin alegría, habrán dejado los estudios, de modo que sólo tendrán acceso a trabajos pequeños, difíciles y mal pagados. Estos hombres formarán una población de desertores que irán al azar allí los lleve el viento. Los «blancos pobres» de Londres sufren ante la realización de las mujeres, al igual que sufren el éxito de los pakistaníes, esa gente de color que ha venido de otros lugares para aprovecharse del sistema social, obtener una buena educación, hacer películas emocionantes y convertirse en alcalde de la ciudad.[5] Mientras que ellos, los nativos blancos, son incapaces de conseguir los buenos diplomas que les hubieran permitido socializarse. En este grupo donde se encuentran los hombres que odian a las mujeres que «lo tienen todo» que y obligan a los hombres a saltarse las reglas, a perder su honor al perder su autoridad. Un razonamiento lógico nos llevaría a admirar a esos niños provenientes de países con problemas para prosperar en un país de acogida. Pero el ser humano no puede reducirse a un modelo matemático, y la lógica no siempre tiene cabida en la psicología. Los hombres que lo tenían todo para triunfar piensan que han fracasado y que son los de color los que hoy gobiernan. ¡Todo esto con el dinero de los pobres blancos!

«Cada uno de mis éxitos ha sido un divorcio en la amistad», canta la divina Bárbara. Muchos hijos de los pobres podrían decir lo mismo. Cuando los quebequenses quisieron integrar a los indios, «los nativos», en su cultura norteamericana, seleccionaron a los buenos estudiantes y los acompañaron. No esperaban que su éxito provocara un desgarro en la familia. Los padres se sentían despreciados por sus hijos, que hablaban mejor que ellos y cuyos modales les incomodaban.[6] Los padres se sentían despreciados por aquellos hijos que hablaban mejor que ellos y cuyos modales les incomodaban. Muchos albañiles musulmanes hicieron horas extras para pagar los estudios de sus hijas en colegios cristianos y, cuando tuvieron éxito, los padres se sintieron desdeñados. «La sensación de pérdida de poder y de menoscabo de su estatus en una parte de la población masculina se

---

5. Un ejemplo: Sadiq Khan, hijo de un conductor de autobús y una costurera pakistaní, que se convirtió en alcalde de Londres en 2016.

6. Ehrensaft, E.; Tousignant, M., «Immigration and resilience», en D. L. Sam, J. W. Berry (eds.), *The Cambridge Book of Acculturation Psychology*, Cambridge University Press, Boston, 2006, págs. 469-483.

refleja [...] en el voto a candidatos populistas».[7] Estos hombres empequeñecidos creen que remedian su fracaso dando poder a una imagen que es masculina hasta la caricatura. Las pueblos hacen lo mismo cuando son humillados y, para reparar su autoestima, se identifican con un héroe, un salvador que «no teme decir en voz alta lo que otros piensan en silencio». La virilidad, una virtud valorada en un país en proceso de construcción o de rehabilitación tras una humillación bélica, ya no tiene ninguna función en un país en paz y resulta ridícula cuando ya no es necesaria.

A medida que las mujeres crecen, es menos probable que busquen una imagen paterna en la Iglesia o en el hogar. La adquisición de una fuerza apacible las hace más tolerantes con las sexualidades alternativas y con la reproducción asistida. Al haber perdido el sexo su función social, se ha modificado la percepción de la violación.[8] Durante siglos, existía una sensación de sexualidad forzada cuando dos personas mantenían una relación íntima a pesar de tener un estatus social desigual. Cuando una mujer de alto rango tenía sexo consentido con un campesino o con el cochero, el hombre era condenado por violación. Hoy en día, la connotación social de un acto sexual se ha desvanecido, nos sorprendemos cuando nos enteramos de que una mujer culta acepta vivir con un patán. Las personas entran en una relación para compartir una existencia y no para protegerse del mundo. En esta nueva función de la sexualidad, el uso de la fuerza es un crimen.

En una sociedad organizada por la violencia, las mujeres aceptan a un hombre protector hasta que sienten que esta protección les sale cara. En un contexto civilizado, se autoprotegen y

---

7. «Jérôme Fourquet: Les femmes auront demain une meilleure situation que leur conjoint», *art. cit.* pág. 36.

8. Vigarello, G., *Histoire du viol. XVI-XXᵉ siècle*, Seuil, París, 2000.

sienten que cualquier relación que pretenda ser protectora es un intento de dominación, un abuso de poder violento y ridículo. La virilidad tiene ahora otra connotación afectiva. Eran bellos aquellos mariscales del Imperio, con sus espadas desnudas, en caballos rampantes, con sus brandebourgs, sus casacas de mangas largas, cargando contra el ejército de la coalición extranjera. Eran viriles aquellos *cow-boys* de mandíbula cuadrada, con la mirada fija en el atardecer, las piernas bien plantadas, el pulgar detrás del cinturón junto a la funda del revólver. Hoy nos hacen sonreír, como si pensáramos: «Calma chicos, os estáis pasando, hacéis el ridículo...». En dos siglos nuestros sentimientos han evolucionado desde la magnífica hombría hasta la virilidad ridícula.

En la época napoleónica, una utopía gloriosa orientaba a la sociedad hacia una gran narrativa que contaba cómo los soldados del pueblo harían triunfar las ideas de la Revolución francesa. Era necesario crear héroes capaces de dar contenido a una historia así. Los mariscales del Imperio y los húsares de la guardia desempeñaban este papel. Napoleón difundió las ideas democráticas, fundó una nueva aristocracia, organizó una poderosa administración, redujo las fronteras de Francia, arruinó Europa y causó la muerte de millones de personas.

Dos siglos después, es el discurso médico el que estructura el pensamiento colectivo. Los higienistas del siglo XIX transformaron las condiciones de vida, la esperanza de vida de las mujeres se duplicó con creces, la mortalidad infantil ronda el 1‰. Este éxito real alimenta un discurso médico abusivamente explicativo que nos dice que las hormonas determinan anatomías diferentes y, por lo tanto, mundos mentales sexuados. La testosterona, la hormona masculina, es segregada por ambos sexos, pero los hombres producen veinte veces más.[9] Y aquí está la

---

9. Handelsman, J. D. *et al.*, «Circulating testosterone as the hormonal basis of sex differences in athletic performance», *Endocr. Rev.*, 39 (5), 2018, págs. 803-829.

explicación: si los hombres rinden mucho más que las mujeres en los Juegos Olímpicos es porque segregan más testosterona. Por lo tanto, las mujeres que mejor funcionan son las «falsas», que se benefician de una anomalía hormonal.

Por eso se pide a los controladores deportivos que midan la longitud de los clítoris de esas señoras para asegurarse de que el ganador no es un hombre enmascarado que compite en pruebas femeninas. Los avances en los ensayos evaluaron los excesivos niveles de testosterona de la Sra. Caster Semenya, cuyas victorias en atletismo eran demasiado frecuentes. De modo que fue condenada a tomar un fármaco llamado acetato de ciproterona, una antihormona masculina que se administra a los hombres con cáncer de próstata. Hasta el día en que se midieron bajos niveles de testosterona en hombres hipermusculados y campeones hiperfeminizados.

Tanto las mujeres como los hombres ideologizaron inmediatamente los hallazgos biológicos que atribuían ciertos comportamientos sociales a la hormona masculina. Neelis Kroes, Comisaria europea para la competencia, dijo que el colapso financiero de algunos bancos europeos se debía a la excesiva testosterona de los operadores que asumían riesgos excesivos. Y Christine Lagarde, presidenta del Fondo Monetario Internacional, dijo que «favorecía los expedientes presentados por mujeres para compensar el exceso de testosterona que reinaba en la Asamblea». Así, se dio a los niveles hormonales un valor explicativo absurdo. En 1944, los hombres que se oponían al sufragio femenino en Francia dijeron que sus variaciones hormonales podrían hacerles cambiar de opinión política en cada ciclo. Verdaderos avances en biología, apenas son publicados, se utilizan para apoyar los prejuicios. En la década de 2000, conocí a una profesora universitaria feminista radical en Barcelona que sostenía que no había mujeres entre los nazis. Fueron historiadores quienes demostraron que las mujeres fueron tan protagonistas de esta tragedia como los hombres.[10] ¿Deseaba esta feminista catalana demostrar que los hombres eran portadores del sexo del mal? En este caso, el feminismo, que debería ser el orgullo de nuestra sociedad, corre el peligro de convertirse en un sexismo desalentador.

Cuando nuestra capacidad neurológica de producir cultura inventó el Neolítico, ¿quién podía prever que aquel progreso técnico generaría epidemias, guerras territoriales y relaciones de dominación? Cuando la industria del siglo XIX provocó una explosión de descubrimientos científicos, ¿quién podía prever que aquel progreso potenciaría el matrimonio por amor y contaminaría el planeta? Cuando la escuela se convirtió en el polo organizador de nuestras sociedades, ¿quién podía prever que las niñas la aprovecharían para luchar contra la disparidad? Todo progreso provoca una agitación cultural, una nueva forma de ver el mundo que organiza las familias y el destino de los sexos.

La coeducación se propuso como una forma de continuar este progreso. ¿Quién iba a prever que iba a promover a las chicas dentro de la escuela, pero no fuera, donde los chicos siguen apropiándose del espacio? «Los espacios-tiempo se presentan como universos de confrontación intersexual y de activación de los estereotipos de género».[11] Un hombre es radicalmente diferente de una mujer, y los adolescentes se aplican a crear más diferencias. Cada uno quiere ser diferente del otro para autoidentificarse, para descubrir quién es. Las parejas de gemelos criados por separado se parecen aún más que los gemelos criados juntos, donde cada uno busca personalizarse oponiéndose al otro. Los chicos piensan: «Ya que las chicas son mejores en el uso de las palabras, dejémosles esa área a ellas». Y las chicas

---

10. Kandel, L. (ed.), *Féminismes et nazisme*, Odile Jacob, París, 2004.

11. Ayral, S.; Raibaud, Y., «Les garçons, la mixité et l'animation», *Agora débats/ jeunesses*, 51, 2009, págs. 43-58.

piensan: «Los chicos son mejores que nosotras en las actividades físicas, que nos interesan menos». Incluso cuando las chicas obtienen buenos resultados en ciencias, prefieren los trabajos de relación en los que sobresalen más que en las matemáticas (23%) o las escuelas de tecnología (3%). La coeducación que pretendía borrar las diferencias de género está aumentando la separación de los sexos.

Cada género da forma al otro e induce comportamientos a los que la cultura atribuye un significado. La mera presencia de un chico hace que una chica se sienta femenina y quiera seducirlo o competir con él. La mera presencia de una chica crea una conciencia de masculinidad en un chico que aún no sabe lo que significa ser un hombre. El entorno verbal ayuda a esta toma de conciencia al indicar qué es un género, cuál es su función, cuáles son sus valores. En cuanto un niño es capaz de entender las palabras, aprende que un hecho anatómico (tener o no un pito) está orientado por las narrativas culturales. Este entorno ecosistémico no se analiza en trabajos especializados que, al descubrir verdades parciales, inducen a falsas generalizaciones. El hecho de que un hombre segregue veinte veces más testosterona que una mujer explica su vello en la barbilla, pero no explica su virilidad seductora ni su virilismo exasperante.[12]

---

12. Moser, G., *Psychologie environnementale. Les relations homme-environnement*, De Boeck, Bruselas, 2919, pág. 12.

Espacio y psiquismo

«El entorno no es un mero decorado»: el impacto climático, el entorno paisajístico, dan forma al fenómeno observado. La presión material («Vivo en una ciudad con grandes espacios verdes») no es más fuerte que la presión inmaterial («Me avergüenza vivir en esta ciudad»). La matematización de una ciudad no excluye la importancia de su significado. La frase: «En un edificio de gran altura, cuanto más alto se sube, más cerca se está de Dios y del jefe» es tan cierta como: «En un edificio de gran altura, cuanto más alto se sube, más sufren los niños el encierro». El individuo es el resultado de relaciones cercanas, mediatas y lejanas que confluyen en él para estructurarlo. Hoy hablamos de un antroposistema[1] en el que, para entender un fenómeno, hay que recurrir a diferentes disciplinas. Desde un punto de vista psicoecológico, podemos proponer la idea de que el estrés es el resultado de un desajuste entre el individuo y su entorno, entre su estilo de construcción mental y los estímulos físicos de su entorno. A menudo me han preguntado: «¿El confinamiento fue una agresión psíquica?». Formulada de esta manera, la pregunta requiere una respuesta causal, pero sólo puede ser sistémica. El resultado será bueno o malo según:

---

1. Lévêque, C.; Muxart, T. *et al.*, «L'anthroposystème: entité structurelle et fonc-tionnelle des interactions sociétés-milieux», en C. Lévêque, S. Van der Leeuw (eds.), *Quelles natures voulons-nous?*, Elsevier, París, 2003, págs. 110-129.

- la construcción del sujeto antes del confinamiento;
- la estructura del confinamiento;
- y, tras el confinamiento, el apoyo emocional y el sentido que se le da a esta aventura.

Algunas personas, antes del confinamiento, habían adquirido factores de protección como la confianza en sí mismos, la aptitud para la palabra y una buena educación. Estas personas se enfrentan a la realidad de un espacio cerrado y se adaptan a ella sin dificultad. Aprovechan para leer, descansar o volver a tocar la guitarra. Cuando pueden salir, están contentos de volver a su trabajo y a sus amigos. Por otro lado, aquellos que, antes del confinamiento, habían adquirido factores de vulnerabilidad como el maltrato familiar, una cascada de traumas, escasas habilidades lingüísticas o inseguridad social, experimentarán el confinamiento como una privación de libertad, un trauma adicional. Si no reciben apoyo, sufrirán un trastorno de estrés postraumático.

Los cosmonautas, por su parte, sueñan con estar confinados. Tras varios meses de soledad en la atmósfera, regresan a la Tierra con una enorme atrofia porque los músculos resultan inútiles con gravedad cero, pero su mente está encantada de haber vivido un acontecimiento inédito. Otros científicos militares son enviados a la Antártida para tomar muestras.[2] Se confinan en los barracones para soportar el frío y, al cabo de unas semanas, ya no soportan a sus compañeros y se aíslan para sufrir menos la promiscuidad, la presencia del otro que sienten como un intruso. Estos ejemplos ilustran cómo un mismo espacio matemático se vuelve seguro para unos y estresante para otros. A los monjes les gusta aislarse, aislarse de la realidad para sentir-

---

2. Clervoy, P., Cátedra de Psiquiatría Militar, Val-de-Grâce, curso de diplomatura universitaria, Toulon, París, 2014.

se cerca de Dios. Algunos psicópatas, sobreestimulados por su vida cotidiana, se sienten calmados cuando entran en la cárcel. Por el contrario, muchas personas ansiosas se tranquilizan simplemente sintiendo una presencia cerca de ellas, las personas mayores aisladas encienden la radio para oír hablar a alguien. ¿Cómo pueden establecerse las causalidades directas? Lo que es cierto para uno no lo es para otro.

Una fuerza inmaterial desempeña un papel importante en la forma en que se experimenta un hecho: la representación social. La «construcción social de la realidad»[3] se refiere a cómo un grupo habla de un hecho. En algunos medios, las personas entran en la cárcel con orgullo porque el grupo habla de ellas como una prueba de iniciación: «Cuando salga de la cárcel, me celebrarán, estarán orgullosos de mí». Otros, en cambio, están desesperados, aunque luego se familiarizan con el espacio de la celda y los pasillos, con los objetos y los rituales que adquieren un efecto adormecedor por la repetición. Cuando son liberados, cuando la sociedad les da su libertad, experimentan una ansiedad aterradora. Durante años han sido acogidos, obligados a comer, a pasear y a apagar la luz. Cuando recuperan la libertad, ya no se sienten capaces de tomar decisiones y sufren de pánico por ansioso.

La vivencia de habitar, la sensación de «estar en casa», el *home* inglés, es una experiencia vital en la que uno puede recargar las pilas construyendo un nido con objetos familiares, fotos y utensilios domésticos. Uno se apega a su entorno, igual que se apega a las personas. Algunas personas se sienten prisioneras en casa, como los indigentes, otras sólo se sienten cómodas en el extranjero, nunca realmente en casa. Los fóbicos sólo se sienten seguros en su espacio familiar hasta el punto de tener

---

3. Abric, J.-C.; Morin, K. M., «Recherches psychosociales sur la mobilité urbaine et les voyages interurbains», *Cahiers de psychologie sociale*, 5, 1990, págs. 11-13.

miedo a salir de él. El barrio y el pueblo son una extensión de su sentimiento de *hogar*. Es el lugar donde se encuentran sus amigos, sus comerciantes habituales, su lugar de trabajo, sus puntos de referencia del espacio y del tiempo. Equilibrados en casa, se vuelven ansiosos en el extranjero.

La aparición de las megaciudades en pocas décadas (1980-2010) ha provocado una especie de inmigración desde el interior al vaciarse el campo para llenar los suburbios. El ritmo de vida y la estimulación constante crean una sensación de existencia intensa, pero el comportamiento social tiene dificultades para adaptarse al hacinamiento y la anomia de las grandes aglomeraciones. La empatía se ve alterada en estas multitudes humanas, que fomentan la inseguridad que conlleva la dictadura de la multitud.[4] El comportamiento hostil se expresa sin culpa, ya que los de la calle de al lado son extraños con los que uno no tiene la oportunidad de familiarizarse. La urbanidad sólo puede lograrse si la cultura local organiza encuentros en los que se establecen rituales de interacción. Un proyecto compartido actúa como polo organizador de los encuentros, pero «el relativo hacinamiento [...] conduce a comportamientos adaptativos específicos: apresurarse, colarse».[5] Estos aprendizajes conductuales no conscientes dan lugar a un estilo relacional urbano muy diferente al del campo. Las incivilidades en las ciudades son «comparables a los comportamientos de apropiación o difusión de mensajes, como la señalización del espacio mediante etiquetas y otras degradaciones».[6] El vandalismo, que se expre-

---

4. Vanin, L., «Smart City. Une *autre lecture de la ville*», en B. Cyrulnik (ed.), *Une autre lecture de la ville*, Niza, Les Éditions Ovadia, 2019, pág. 23.

5. Moser, G., *Psicología ambiental. Les relations homme-environnement*, De Boeck, Bruselas, 2019, pág. 145.

6. Sautkina, E.; Rouquette, M. *et al.*, «Distinction sociale et conduites d'incivi-lité dans les espaces commerciaux ouverts au public», *Psychologie*, 21 (2), 2007, págs. 139-157.

sa rompiendo los bancos del transporte público o destruyendo las marquesinas de los autobuses, es un comportamiento degradante que significa: «Estoy enfadado con esta sociedad en la que no encuentro un lugar. Soy un extraño en mi propia casa».

En el siglo XX, el campo estaba desierto porque ya no estaba vivo: soledad angustiosa, ausencia de empleos, dilución de los vínculos. Hoy se está repoblando porque las ciudades ya no son atractivas, ya que la hiperdensidad las ha convertido en ruidosas, contaminadas, estresantes y caras. Un nuevo urbanismo se impone en el campo, posibilitado por el teletrabajo, la comodidad de los transportes y la desaparición de los agricultores, sustituidos por ingenieros y empresarios. Estos nuevos emigrantes del interior huyen de las ciudades para encontrar el efecto calmante de la naturaleza, a diferencia de sus abuelos, que huyeron del campo para descubrir el efecto estimulante de las ciudades. El humano trashumante siempre ha existido,[7] pero hoy en día cambia de pastos con cada generación.

---

7. Viard, J., *Le Triomphe d'une utopie*, Éditions de l'Aube, La Tour d'Aigues, 2015, págs. 383-393.

Cuando las palabras esculpen el cerebro

En los últimos años hemos descubierto cómo los acontecimientos de nuestra vida y las presiones del entorno esculpen nuestro cerebro haciendo de él un aparato para ver el mundo. Cada cerebro así construido ve un mundo diferente al de su vecino, pero igual de verdadero. El ganglio neural de 20.000 células nerviosas de una sanguijuela de mar le hace ver un mundo de sanguijuela de mar, donde las informaciones vitales son la sombra y la humedad.[1] En el caso de un humano que todavía no ha nacido, su cerebro en desarrollo extraerá de su entorno las informaciones necesarias para construir su mundo. En esta ecología cercana, la envoltura sensorial en contacto con las primeras células permite el paso de nutrientes, hormonas y toxinas. El feto percibe especialmente las informaciones afectivas que le proporcionan el sabor del líquido amniótico y las bajas frecuencias de la voz de la madre, que vibran contra los corpúsculos táctiles de su boca y de sus manos.

La ecología intermedia la proporciona principalmente la afectividad del cuerpo de la madre. Desde el nacimiento, el bebé está ávido del pezón, de la leche, el calor y las expresiones faciales que construyen un hábitat sensorial ya familiar.[2]

---

1. Uexküll, J. von, *Mondes animaux et monde humain*, Denoël, París, 1965.
2. Biland, C., *Ce que votre corps révèle vraiment de vous*, Odile Jacob, París, 2020, págs. 220-225.

Procedente del estrato ecológico lejano, mucho antes de lo que se creía, un objeto sensorial queda impreso en la memoria del niño y participa en la escultura de su cerebro: el habla. A partir del cuarto mes de vida, el bebé combina las sonoridades para reconocer una palabra. Este objeto sensorial verbal le interesa mucho, está ávido de él y, en cuanto sus padres hablan, se vuelve hacia ellos y los mira intensamente.[3] A la edad de 1 año, un bebé reconoce 50 palabras. A los 3 años, entra en la escuela maternal con 1.000 palabras y a los 5 años dispone de un diccionario de 10.000 palabras.[4] Tras esta explosión del lenguaje (9.000 palabras en dos años), de las reglas gramaticales, de las excepciones a estas reglas y de la adquisición del acento que crea un sentimiento de pertenencia, el niño se ha vuelto capaz de expresar sus deseos y emociones con palabras y no sólo con gestos y gritos. Puede hacer preguntas y dar forma verbal al mundo que le impresiona. Pero cuando el cerebro del niño está alterado y no puede ir a buscar esta información, o cuando su entorno es pobre en palabras, el niño percibe un mundo mal formado que no puede compartir con sus allegados, lo que perjudica las relaciones y la socialización.

El proceso de neurodesarrollo de un niño debe entrar constantemente en transacciones con las capas ecológicas que lo rodean. El nicho sensorial cercano es un cuerpo a cuerpo táctil, olfativo, sonoro y manipulativo que lo pone en comunicación con un cuidador adulto. Al mismo tiempo, el niño recibe información de un mesosistema un poco más alejado que tiene sus raíces en la afectividad del adulto: la tristeza, la alegría, la rabia o la indiferencia participan en el tejido del vínculo de apego. El exosistema, el más alejado, proviene del mundo de las repre-

---

3. Fivaz-Depeursinge, E.; Corboz-Warnery, A., *Le Triangle primaire*, De Boeck, Bruselas, 2013.

4. Dehaene, G., informe de la Commission des 1000 jours, enero de 2020.

sentaciones del adulto; su cultura, sus intenciones, su historia y sus prejuicios son también la fuente de las interacciones que actúan sobre el cuerpo del niño.[5]

Esta actitud ecosistémica nos ayuda a comprender cómo un ser vivo accede al mundo de los demás.[6] Tengo un hermoso gato negro con ojos dorados. Percibe sorprendentemente bien la más mínima expresión de mis emociones. Cuando estoy triste o cansado, viene y se acurruca conmigo. Cuando estoy contento o excitado, se pone alerta, listo para huir o participar en el juego. Mi gato también percibe mis intenciones. La más mínima señal de comportamiento le permite saber si quiero acariciarlo, alimentarlo o perseguirlo. Responde muy rápidamente a una pequeña señal que los humanos apenas pueden percibir. Pero no creo que mi gato pueda entender que algunos humanos quieran hacerle daño por ser negro. En la Edad Media se creía que su pelaje era negro porque había estado en el fuego del infierno. Por ello, era legítimo capturar gatos negros, meterlos en sacos y colgarlos en horcas sobre el fuego. Cuando el saco se abría, los gatos caían en las llamas y huían entre la multitud como antorchas vivientes. Mi gato negro de ojos dorados, ¿habría sido capaz de percibir intensamente la expresión de la emoción hostil en aquellos hombres? Habría dado por sentado que tenían la intención de atraparlo. Pero ¿habría entendido que aquellos humanos querían hacerle daño porque pensaban que era un representante del diablo? Mi gato puede percibir las emociones e intenciones de los demás, pero no puede imaginarse sus creencias.[7]

---

5. Hayes, N.; O'Toole, L.; Halpenny, A. M., *Introducing Bronfenbrenner*, Routledge, Nueva York, 2017, págs. 143-154.

6. Hauser, M., *À quoi pensent les animaux?*, Odile Jacob, París, 2002.

7. Duval, C.; Piolino P. *et al.*, «Theory of mind: conceptual aspects, eva-luations and age effects», *Revue de neuropsychologie*, 3, 2011/1, págs. 41-51.

Los chimpancés y los bonobos tienen comportamientos mentirosos.[8] Cuando, viendo que los demás les observan, fingen esconder comida en el tronco de un árbol y luego, habiendo orientado así el mundo mental de sus congéneres, van subrepticiamente a esconder la comida en otro lugar, podemos pensar que estos grandes simios han comprendido que actuando así están manipulando el mundo mental de sus congéneres. Estos animales, a través de su guión de comportamiento engañoso, saben modificar el mundo íntimo de aquellos a los que engañan.

Los seres humanos son capaces de orientar las representaciones mentales de los demás con comportamientos amenazantes o seductores, con símbolos decorativos reales o falsos, y especialmente con palabras. A partir del cuarto mes, la atención del bebé es captada mediante sonidos vocales particulares. La repetición de estas palabras circuita la zona sonora de su lóbulo temporal izquierdo, transformándola, día tras día, en una «zona de lenguaje». En otras palabras, hablar a un bebé significa circuitar su lóbulo temporal izquierdo, lo que le hace adquirir una facilidad para el reconocimiento de palabras para expresar sus emociones y actuar en el mundo de los demás.

En cuanto estas palabras de los demás han circuitado esa zona del cerebro, el bebé es capaz de atribuir emociones e intenciones a los demás, como hace mi gato, pero también creencias verdaderas o falsas,[9] como no hace mi gato.

A partir de los índices sensoriales percibidos, la verbalidad acaba de crear una capacidad de representar un mundo imposible de percibir. Lo asombroso es que este mundo virtual puede desencadenar en nosotros emociones reales. Una mala noticia

---

8. Waal, F. de, *L'Âge de l'empathie. Leçons de la nature pour une société solidaire*, Actes Sud, Arlés, 2011.

9. Avis, J.; Harris, P. L., «Belief-desire reasoning among Baka, children for a universal conception of mind», *Child Development*, 62 (3), 1991, págs. 460-467.

hace que nuestro corazón lata más deprisa, nos haga palidecer y pueda incluso provocar un síncope. Este fenómeno puede describirse en términos bioquímicos: la representación de las malas noticias dispara un chorro de corticoides, la hormona del estrés, que provoca un edema celular.[10] Las neuronas del sistema límbico, base de la memoria del cerebro y de las emociones, se hinchan, dilatando los canales ionóforos, lo que altera el gradiente sodio/potasio. La hiperosmolaridad resultante hace que las células de este circuito cerebral estallen, lo que provoca la atrofia del sistema límbico. Diciéndolo esquemáticamente: la repetición de enunciados estresantes acaba provocando una atrofia límbica, que altera la memoria y perturba las emociones.

Por tanto, una psicoterapia (la acción de una psique sobre otra) podría modificar el funcionamiento del cerebro. Lo que me sorprende es que a la gente esto le sorprenda. Los traumas, ya sean físicos o psicológicos, suelen causar confusión mental. Las neuroimágenes muestran un «cerebro desconectado» que ya no es capaz de procesar las informaciones.[11] En cuanto la persona traumatizada se siente segura, las áreas prefrontales comienzan a funcionar, mientras que los medicamentos actúan más bien sobre el sistema límbico.

Esta constatación sugiere que un simple acto de habla cambia la forma de experimentar el mundo. Con el aumento de la población de edad avanzada, a menudo se advierten pequeños accidentes vasculares en el lóbulo temporal izquierdo que causan afasia transitoria. En cuanto se restablece la circulación cerebral, el habla reaparece y los pacientes cuentan que durante

---

10. Bustany, P.; Laurent, M.; Cyrulnik, B.; Tychey, C. de, «Les déterminants neuro biologiques de la résilience», en C. de Tychey (ed.), *Violence subie et résilience*, Érès, Toulouse, 2015, págs. 17-47.

11. Quidé, Y., *État de stress post-traumatique, corrélats cérébraux, neuropsychologiques, biologiques et thérapeutiques*, doctorado, Universidad de Tours, 2013.

las horas en que sus cerebros ya no podían producir palabras, se sentían pesados, pegados a lo que percibían, incapaces de desprenderse de todo ello, incapaces de pensar en otra cosa: «Para decir "oficina", señalaba con el dedo», dice un psicoanalista que se quedó afásico durante cuarenta y ocho horas.[12] Estos afásicos momentáneos utilizan entonces la metáfora del ataúd de cristal desde el que pueden ver a otros seres humanos, pero ya no pueden establecer contacto con ellos. En cuanto el lóbulo temporal se revasculariza y vuelve la capacidad de fabricar palabras, expresan metáforas aéreas: «Me puse las botas de siete leguas [...], volé sobre las montañas [...], pensé en cosas lejanas».[13] Todos hemos visto que, en la vida cotidiana, el simple hecho de no encontrar una palabra provoca una molestia, una tensión psíquica que se alivia instantáneamente cuando la encontramos. Del mismo modo, en el extranjero, nos sentimos torpes, atrapados entre paredes, porque no sabemos decir las cosas más básicas. Pero en cuanto las palabras corren como un fluido sin obstáculos, nos sentimos ligeros al relatar nuestra visión del mundo, los mitos y las creencias que rigen nuestra alma.[14]

Esto nos lleva a pensar que una representación mental adquirida culturalmente puede modificar la función cerebral. Si no me creen, sólo tienen que invitar a un amigo musulmán y ofrecerle un delicioso cerdo con nabos. Si al mismo tiempo le haces una resonancia magnética cerebral, verás que además de sus repugnantes expresiones faciales, su cerebro «enciende» la parte anterior de la ínsula, la parte anterior del área cingulada,

---

12. Zlatine, S., «Praxis de l'aphasie: au moment de répondre», *Ornicar, Revue du champ freudien*, 33, junio de 1985, págs. 65-68.

13. Didic, M.; Poncet, M., «Démence sémantique et troubles sémantiques progressifs», *La Lettre du neurologue*, 3 (II), junio de 1998, pág. 115.

14. Berwick, R. C.; Chomsky, N., *Why Only Us: Language and Evolution*, MIT Press, Cambridge, 2016.

la corteza orbitofrontal y la amígdala rinencefálica. Una simple afirmación verbal como «esto es cerdo» provoca instantáneamente la activación de los correlatos neurológicos de la repugnancia.[15] Se obtendrá el mismo efecto neurológico si le ofrece a su amigo musulmán un trozo de cordero y le dice «esto es cerdo». La falsa creencia inducida por sus palabras habrá estimulado igualmente las zonas de la repugnancia, confirmando que una simple creencia actúa sobre el cerebro. El contagio emocional es fácil de ver cuando alguien te sonríe y no puedes evitar devolverle la sonrisa. Es difícil permanecer impasible cuando alguien te agrede, lo que explica el contagio de las creencias. Cuando vives en un grupo que expresa su repugnancia por los vagabundos en cada oportunidad a través de sus mímicas y palabras, será difícil que no sientas asco cuando te encuentres con un vagabundo. Por el contrario, sentirás compasión por los vagabundos si vives en un grupo que siente compasión. No es lo real lo que causa la náusea, sino el contagio de las representaciones de lo real.[16] ¿Se explicaría así el menor sufrimiento de los creyentes en duelo, su buena resistencia al estrés y su mejor evolución cuando padecen cáncer?[17]

La palabra también actúa sobre nuestra memoria y puede modificar la representación de nuestro pasado. El relato de uno mismo no es el retorno del pasado, es la representación del pasado desde el presente. Denis Offer hizo en torno a cincuenta preguntas a 77 adolescentes de 14 años de media. Treinta y cuatro años después, volvió a ver a 67 de estos antiguos ado-

---

15. Fontenelle, R. C.; Oliveira-Souza, R. de; Moll, J., «The rise of moral emotions in neuropsychiatry», *Dialogues in Clinical Neurosciences*, 17 (4), 2015, pág. 413.

16. Sperber, D., *La Contagion des idées*, Odile Jacob, París, 1996.

17. Brown, S. L.; Nesser, R. M. *et al.*, «Religion and emotional compensation: Results from a prospective study in widowhood», *Personality and Social Psychology Bulletin*, 30 (9), 2004, págs. 1165-1174.

lescentes y les hizo las mismas preguntas.[18] He tomado tres de sus respuestas para ilustrar la evolución de la representación de uno mismo en el propio pasado.

- *¿Te aburres en la escuela?* A los 14 años, el 28% dice que sí. Sin embargo, a los 48 años, el 58% dice haberse aburrido mucho.
- *¿Eres popular?* El 25% de los adolescentes creen ser populares, mientras que el 53% de los adultos recuerda que eran muy queridos. - *¿Te sientes humillado por los castigos corporales?* El 82% de los jóvenes dice sentirse humillado, sólo el 30% de los adultos recuerda este sufrimiento.

Por tanto, la memoria ha evolucionado, como cualquier memoria sana, porque la existencia ha añadido otras experiencias vitales que han modificado la representación del pasado.

Sólo el recuerdo traumático permanece congelado en el pasado, ya que las imágenes y las palabras de horror se repiten continuamente, reforzando el recuerdo del trauma. En la vida cotidiana, la memoria sana cambia rápidamente. Le pedimos a un compañero que provocara un pequeño escándalo verbal tras el comienzo de una conferencia en la universidad.[19] Mientras era filmado, tuvo que decir unas palabras indignadas y salir por la puerta. El conferenciante recibió instrucciones de reforzar su discurso para evitar que los alumnos hablaran entre ellos, lo que habría añadido un recuerdo de palabras al recuerdo de imágenes de este pequeño escándalo. Un mes después, los cincuenta estudiantes recibieron un cuestionario. Cuatro de ellos dijeron que no había pasado nada, lo que demuestra que, tras diez minutos de clase, ¡ya estaban profundamente dormidos! La mayoría tenía diferentes recuerdos sobre la ropa (jersey rojo

---

18. Offer, D.; Katz, M.; Howard, K. I.; Bennett, E., «The altering of reporting experiences», *S. Am. Child Adolescent Psychiatry*, 39 (6), 2000, págs. 735-742.

19. Bertereau, I.; Delage, M.; Cyrulnik, B., «Petit scandale expérimental provoqué lors d'un cours du diplôme d'université», Toulon, 2015, inédito.

o negro o verde), sobre el pelo (moño o pelo corto). Las palabras eran mejor recordadas: «Creía que venía a un curso de español y acabo en un curso de psicología». Y las interpretaciones dependían de los acontecimientos del contexto: «Es un sindicalista», «Es un fan del Rugby Club de Toulon», «Es un loco...».

Nos preguntamos cómo hablar de un acontecimiento, añadiendo un recuerdo verbal a la memoria de los hechos, podría cambiar su representación. A dos grupos de observadores se les mostró una serie de imágenes de terror y luego una serie de imágenes bonitas. Con un grupo no se debían pronunciar palabras, mientras que a un segundo grupo se le pedía que comentara las fotos. Un mes después, el grupo silencioso recordaba mejor las fotos de terror (cara cortada, coche destrozado), mientras que el grupo que comentaba las fotos relativizaba los horrores (corte superficial, coche reparable). «Una red neuronal combina la información del entorno presente con patrones almacenados en el pasado».[20]

Una observación citada muy a menudo se llevó a cabo con los taxistas de Londres.[21] Para preparar su licencia, tuvieron que recorrer las calles de Londres. Se les propuso una resonancia magnética nuclear al inicio de la formación, después de tres meses de práctica y, finalmente, algunos años más tarde. El resultado fue claro: tras unos meses de entrenamiento en la resolución de problemas espaciales, la parte posterior del hipocampo (base de la memoria) se había hipertrofiado.

Cuando se propuso la misma neuroimagen a los conductores de autobús, que no tienen problemas espaciales que resolver porque su viaje es rutinario, no hubo cambios en el grosor del

---

20. Schacter, D. L., *À la recherche de la mémoire*, Universidad De Boeck, Bruselas, 1999, págs. 90-91.

21. Maguirre, E. A.; Woollett, K.; Spiers, H. J., «London taxi drivers and bus drivers: A structural MRI and neuropsychological analysis», *Hippocampus*, 16 (12), 2006, págs. 1091-1101.

sistema límbico. Es pues la elaboración el trabajo mental de representación de los circuitos lo que, al hacer funcionar las neuronas, las había hipertrofiado.

El mismo trabajo se llevó a cabo con personas que sufrían depresión mayor.[22] Un grupo de veinticuatro personas muy deprimidas aceptó someterse a una resonancia magnética nuclear funcional antes de cualquier tratamiento. Las imágenes mostraron: atrofia bifrontal; atrofia del giro dentado (parte media del sistema límbico); aumento del funcionamiento de la amígdala. Después de tres meses de psicoterapia estas alteraciones habían desaparecido.

Otro grupo de depresivos mayores rechazó toda psicoterapia: tres meses después, nada había cambiado, ni el funcionamiento cerebral ni el sufrimiento psíquico. En efecto, la elaboración mental, el esfuerzo de ordenar las representaciones para comprender un acontecimiento y producir un relato, son lo que lleva al sujeto a sentir las cosas de otra manera.

El cerebro adquiere la capacidad de percibir con mayor facilidad una clase de mundo. Pero las palabras que buscamos para describirlo se convierten en objetos sensoriales que esculpen el cerebro. El lóbulo temporal izquierdo de un bebé de pocos meses de edad es circuitado por las palabras de su lengua materna. Al venir al mundo, puede oír todos los fonemas, lo que forma un ruido de fondo que le impide oír las palabras. El ruido de fondo debe reducirse para poder oírlas. Por eso los bebés japoneses, a partir del décimo mes, ya no oyen la diferencia entre «aire» y «aile», ya que esta diferencia no existe en su lengua. Por otra parte, cuando un anciano japonés sufre un derrame cerebral de la arteria silviana, que alimenta el lóbulo temporal izquierdo, se vuelve afásico y aléxico, incapaz de hablar y leer en el sistema

---

22. Beauregard, M., «Functional neuroimaging studies of the effects of psychotherapy», *Dialogues in Clinical Neurosciences*, 16 (1), 2014, págs. 75-81.

de signos occidental, pero conserva su capacidad de leer en su sistema de signos ideográficos, más próximo a la imagen. Este análisis demuestra que son las palabras de la lengua escrita las que han circuitado una zona de la lengua más posterior que la de los cerebros occidentales. El cerebro es circuitado por las palabras habladas tanto como por las escritas.

Una confirmación de esta idea la proporciona la afasia políglota, cuando una persona que a lo largo de su vida ha hablado varios idiomas los olvida en el orden inverso al de su aprendizaje. He tenido la oportunidad de seguir a varios pacientes que, con la edad o tras un pequeño accidente cerebrovascular, ya no podían hablar el idioma en el que habían hablado la mayor parte de su vida, mientras que seguían hablando su lengua materna de forma impecable. «Este fenómeno podría indicar que la representación cerebral del lenguaje no es la misma en el unilingüe que en el políglota».[23]

La recuperación de las lenguas no siempre se produce en el orden del aprendizaje, porque hay que añadir la fuerza del determinante afectivo que estimula la reeducación.[24] Muchas personas mayores sienten un sorprendente placer al hablar la lengua de su infancia, porque les crea una intensa sensación de familiaridad.

---

23. Botez, M. I. (dir.), *Neuropsychologie clinique et neurologie du comportement*, Les Presses de l'Université de Montréal, Montreal, 1987, pág. 322.

24. Köpke, B.; Prod'homme, K., «L'évaluation de l'aphasie chez le bilingue: une étude de cas», *Glossa*, 107, 2009, págs. 39-50.

Conclusión. Somos víctimas de nuestras victorias

No podemos desarrollarnos en otro lugar que allí donde la vida nos ha hecho nacer. Somos esculpidos por el nicho sensorial de las interacciones sensoriales precoces, por la lengua materna que se imprime en nuestro cerebro y los tutores de desarrollo que la sociedad dispone a su alrededor.

Pero tenemos la libertad de actuar sobre las representaciones que actúan sobre nosotros. Esta capacidad otorga un gran poder a los creadores de palabras, los filósofos, los novelistas y los políticos.

Estamos rodeados de una malla de mil causas entrelazadas y convergentes, en constante evolución. Para entender el mundo tenemos que reducir la información con el fin de hacerla más clara. Cada especie, cada individuo la reduce a su manera en función de su equipo genético, su desarrollo y, en el caso del ser humano, su historia.

El enfoque psicoecológico distingue entre el microsistema, el mesosistema y el exosistema.[1] El microsistema es la envoltura cercana al cuerpo que se impregna biológicamente y modifica los metabolismos. El mesosistema, más alejado, es el de la familia, el barrio y la escuela, que orienta la evolución gracias a la fuerza de las presiones afectivas. En cuanto al exosistema, el de

---

1. Bronfenbrenner, U., *The Ecology of Human Development*, Harvard University Press, Cambridge, 1979.

las palabras y las representaciones abstractas imposibles de percibir, esculpe igualmente el cerebro, modifica los metabolismos y otorga un enorme poder a la trascendencia.

Esta visión sólo puede ser evolutiva, ya que el impacto del medioambiente no tiene el mismo efecto en un bebé, en un adulto o según la construcción física y mental de un sujeto. Lo que somos hoy, aquí, en nuestro contexto, no es lo que seremos mañana, envejecidos, experimentados y a menudo heridos por la existencia. Nuestros cuerpos y mentes, modificados por la vida, tendrán que adaptarse a un mundo en constante cambio.

Somos víctimas de nuestras victorias. Para no morir, tuvimos que domesticar la agricultura, criar animales para comerlos e inventar el mundo del artificio de las palabras y las herramientas. Pero en la cría industrial de animales nacen virus y plagas que nos destruyen. Fabricamos los alimentos que nos impiden morir de hambre, y esa comida nos mata por comer mal. Al controlar todas las formas de vida, las plantas, los cursos de agua, los animales y los seres humanos, hemos creado la cultura de la dominación que nos aplasta a todos. Para superar la angustia de la muerte, hemos construido maravillosas catedrales, discursos de belleza y trascendencia, pero la afirmación de este poder provoca el exterminio de quienes no comparten nuestras creencias. Hemos explorado la realidad para extraer algunos segmentos que llamamos «verdad científica», pero de ellos deducimos certezas separadas de la realidad, lo que es la definición de un delirio no psicótico. Nuestro éxito científico es tan grande que ya no es posible leer todas las publicaciones, lo cual provoca confusión y una aspiración a las verdades reveladas.

Todo lo que está vivo implica cambio. La muerte forma parte de la evolución. Los que mueren son los que han tenido la oportunidad de vivir. Cuando morimos después de haber traído al mundo a algunos hijos, que provienen de nosotros, pero son un poco diferentes, creamos un nuevo organismo que será capaz de adaptarse a un nuevo entorno. Un cuerpo, una psique, una cultura que no cambiara constituiría una estructura no viva condenada a la repetición de lo mismo, de lo mismo, de lo mismo, adormeciendo la conciencia. «Por eso las revoluciones conceptuales son más a menudo obra de pensadores aislados y marginales que de quienes poseen el poder».[2] Entre la repetición mortificante y la evolución laboriosa, la alternativa es constante, fuente de tensión.

La victoria tecnológica es inmensa, casi mágica. Inventa alimentos nutritivos y tóxicos, viajes extraordinarios y agotadores, conocimientos apasionantes y contradictorios, objetos poderosos y deshumanizados. La modernidad ya no protege a los niños. El poder de las máquinas ha devaluado el cuerpo de los hombres cuando la virilidad prestigiosa se ha convertido en un virilismo ridículo. El éxito de la maquinaria biológica ha modificado el significado del cuerpo de la mujer, que ha pasado de ser un símbolo de fertilidad o de supervivencia a ser un bonito perchero o un atractor sexual prohibido.

Nuestra cultura ha perdido la brújula, navegamos a vista, zarandeados por los acontecimientos, errando por donde nos lleva el viento. Tenemos que encontrar un nuevo rumbo, una nueva dirección, porque nos hemos dado cuenta, por la pandemia que acaba de azotar el planeta, de que el ser humano no está por encima de la naturaleza, no es superior a los animales, está en la naturaleza. La dominación, que fue una adaptación para sobrevivir, hoy sólo produce infelicidad.

Un lucero del alba nos indica una nueva dirección hacia la unidad de la Tierra y del mundo vivo. Cuando nací, antes de la Segunda Guerra Mundial, no había seguridad social ni fondo de pensiones. En caso de desgracia, la única solidaridad era la de la pareja y la familia. En aquel contexto, no se contemplaba

---

2. Bourguignon, A., *Histoire naturelle de l'homme*, t. II: *L'Homme fou*, PUF, París, 1994, pág. 321.

el desarrollo personal de las mujeres. Su única realización consistía en dar a luz a tres o cuatro hijos, preferentemente varones, para bajar a la mina y prepararse para la guerra inevitable. Ellas tenían que «ocuparse de sus maridos», como decíamos entonces, es decir, cuidarlos bien para que pudieran cumplir su función de herramientas sociales y representantes del Estado en la familia. El orden reinaba de esta manera.

Desde los años 1960, la explosión de los avances técnicos y científicos ha inventado una nueva sociedad en la que las mujeres acaban de nacer. Llegan a un nuevo mundo en el que aspiran a la aventura social, a la realización en la maternidad y a nuevas relaciones con los hombres y los niños.

La violencia, que durante miles de años fue creativa destruyendo a quienes se oponían a su ley, hoy sólo es destrucción total. Como las mujeres están ocupando su lugar, hay que redefinir a los hombres. El peso, la fuerza física, el sacrificio en el trabajo y la guerra ya no son valores heroicos. Zola ya no canta la valentía de los oficinistas, Victor Hugo ya no declama la epopeya de los semidioses napoleónicos y Balzac ya no se interesa por el éxito de los comerciantes.

El propio sexo hay que repensarlo. Ha perdido su efecto sagrado puesto que ya no sirve para dar a luz a un alma destinada a adorar a Dios, ya no tiene una función social puesto que ya no da a luz preferentemente a muchachos para preparar la guerra o para dominar a la propia familia.

La pareja ya no constituye la célula de un tejido social puesto que se conforma con firmar un contrato a plazo fijo entre anatomías distintas, en el que el afecto se convierte en una trampa al someter a quien tiene la desgracia de amar.

Los pocos niños nacidos de estos encuentros se desarrollarán en nichos sensoriales donde verán imágenes parentales nunca vistas hasta ahora. Los trabajos psicoecológicos mostrarán a padres afectivos y madres emprendedoras, moldeados todos ellos por los entornos climáticos, las relaciones familiares, las organizaciones sociales y por narrativas culturales nunca pensadas hasta ahora.

Las catástrofes ecológicas y sociales son a menudo la oportunidad de nuevas orientaciones. Así que hablemos de ello dentro de cincuenta años.

g